Catherine Butcher

# Was Sie schon immer über den Himmel wissen wollten

Über die Autorin

*Catherine Butcher* hat in London und Edinburgh Theologie und Politikwissenschaft studiert. Sie ist Autorin mehrerer Bücher zu Themen wie Familie, Elternschaft und geistliches Wachstum. Außerdem hat sie viele Jahre verschiedene christliche Magazine herausgegeben, Beiträge für Publikationen christlicher Organisationen geschrieben sowie als Zeitungsjournalistin und Ghostwriterin gearbeitet.

Catherine Butcher

# Was Sie schon immer über den Himmel wissen wollten

GerthMedien

MIX
Papier aus verantwortungsvollen Quellen
FSC® C014496

Verlagsgruppe Random House FSC-DEU-0100
Das für dieses Buch verwendete FSC®-zertifizierte Papier *EOS* liefert Salzer, St. Pölten.

Die englische Originalausgabe
erschien im Verlag CWR, Waverley Abbey House, Waverly Lane,
Farnham, Surrey GU9 8EP, UK
unter dem Titel „What you always wanted to know about heaven ... but were afraid to ask".

Aus dem Englischen übersetzt von Elke Wiemer.



1. Auflage 2011
Bestell-Nr. 816576
ISBN 978-3-86591-576-4

Umschlaggestaltung: Hanni Plato
Umschlagfoto: SXC.HU
Satz: Die Feder GmbH, Wetzlar
Druck und Verarbeitung: GGP Media GmbH, Pößneck
Printed in Germany

*Mein ganz besonderer Dank*
*gilt Adrian, Rachel und Matthew,*
*die mir den Freiraum gelassen haben*
*zu schreiben ...*
*Caroline und Rachel, die mir geholfen haben,*
*meine Gedanken zu entwickeln*
*und zu fokussieren*
*und Mutter, Vater, Vicky und Pauline*
*für ihre praktische Hilfe und Unterstützung.*

# Inhalt

# Vorwort

*„Wenn ich in mir ein Verlangen entdecke, das durch nichts in dieser Welt gestillt werden kann, dann ist es naheliegend, dass ich für eine andere Welt geschaffen wurde."*
C. S. Lewis[I]

Dieses Buch entstand aus einer Sehnsucht nach mehr. Ich war fast mein ganzes Leben lang Christ gewesen, aber mein Glaube hatte sich zu einer trockenen, beinahe lieblosen Pflichterfüllung entwickelt – mehr Werke als Glaube.

Im Mai 2000 nahm ich dann ein Buch mit in den Urlaub. Es hatte schon eine ganze Weile bei mir im Regal gestanden – ungelesen. Ich versprach mir nicht viel davon, aber ich fing an *The Sacred Romance* („Ganz leise wirbst du um mein Herz") von Brent Curtis und John Eldredge zu lesen. Eldredge schreibt:

*„Auch das beste Leben ist unaussprechlich traurig. Selbst wenn wir von den großen Tragödien verschont bleiben (was nur auf die wenigsten von uns zutrifft), so erfüllt das Leben selten unsere Erwartungen. Wenn uns ein kleiner Vorgeschmack von dem vergönnt ist, wonach wir uns wirklich sehnen, so hält er doch nie lange an. Jeder Urlaub hat ein Ende. Freunde ziehen weg. Unser beruflicher Werdegang entwickelt sich nicht so wie gewünscht. Leider fühlen wir uns dann schuldig, weil wir enttäuscht sind und denken, wir sollten dankbarer sein. Natürlich sind wir enttäuscht – wir sind für etwas Größeres geschaffen. ‚Er hat sogar die Ewigkeit in die Herzen der Menschen*

> *gelegt' (Prediger 3,11 NL). Aus unserer Enttäuschung flüstert uns unsere Sehnsucht nach dem Himmel zu, in unserem Leid schreit sie auf ... im Herzen jedes Mannes, jeder Frau und jedes Kindes liegt ein untröstliches Verlangen nach Vertrautheit, Schönheit und Abenteuer. Was kann der Himmel unserem Innersten bieten?"*[2]

Das Buch war voller Hinweise auf Bücher, Musikstücke und Filme, die bereits Sehnsüchte in meinem Herz geweckt hatten. Ich las es wie ein verdurstender Wanderer in der Wüste, der sich zu einer Oase schleppt und trinkt – immer bemüht, nicht zu hastig zu trinken, aus Angst die erfrischende Quelle könnte versiegen, bevor sein Durst gelöscht ist. Dieses Buch war die Verbindung zu der Quelle, von der Jesus sprach, als er die Frau am Jakobsbrunnen traf:

> *„Wer dieses Wasser trinkt, wird wieder durstig. Wer aber von dem Wasser trinkt, das ich ihm geben werde, wird nie mehr Durst haben. Ich gebe ihm Wasser, das in ihm zu einer Quelle wird, die bis ins ewige Leben weitersprudelt."*
> Johannes 4,13–14

Innerlich schrie ich mit der Frau: „... gib mir von diesem Wasser ..."

Meine Sehnsucht nach dem Himmel ist nicht mehr nur ein gelegentliches Tröpfeln. Sie ist ständig da, wie ein Fluss, der manchmal zu einem breiten Strom anschwillt und manchmal ruhig dahinfließt, aber immer in Bewegung ist. Aber was C. S. Lewis über die Sehnsucht schreibt, ist wahr:

> *„Das Buch oder die Musik, in der wir die Schönheit zu finden glaubten, wird uns im Stich lassen, wenn wir darauf vertrauen; sie war nicht darin, sie floss nur hindurch, und das Buch und die Musik hinterlassen nur Sehnsucht. Diese Dinge – die Schönheit oder die Erinnerung an Vergangenes – sind gute Bilder für das, wonach wir uns wirklich sehnen; aber wenn wir sie für die Sache selbst halten, werden sie zu stummen Götzen, die ihren Verehrern das Herz brechen. Denn sie sind nicht das, wonach wir uns sehnen, sie sind nur der Duft der Blume, die wir noch nicht gefunden haben; sie sind das Echo der Melodie, die wir noch nicht gehört haben; sie sind Nachrichten aus einem Land, in dem wir noch nie waren.“*[3]

Diese Düfte und Klänge – die Nachrichten aus einem Land, in dem wir noch nie waren – will ich in diesem Buch einfangen. Und als Nachrichtensammlerin halte ich mich an die wohlerprobte Methode der Journalisten und stelle die W-Fragen: Wer? Was? Wann? Wo? Warum? Wie?

Ich hoffe, dass dieses Buch den Schrei Ihres Herzens und die Sehnsucht nach mehr in Ihnen weckt … mehr vom Leben selbst und von seiner Quelle, jetzt und im kommenden Leben.

# 1.

# WAS SOLL DAS GANZE GEREDE VOM HIMMEL?

1.

# Was soll das ganze Gerede vom Himmel?

*„Er hat sogar die Ewigkeit in die Herzen der Menschen gelegt.“*
(Prediger 3,11 NL)

Den jüdischen Schriften zufolge wurde unserer geistlichen DNA der Stempel „Für die Ewigkeit“ aufgedrückt, was bedeutet, dass jeder Mensch nach dem Himmel sucht, ob er sich dessen bewusst ist oder nicht.

Das stimmt nicht, würden Umfrage-Spezialisten jetzt behaupten. Als das Mori-Institut 2003 erwachsene Briten fragte, ob sie an den Himmel glaubten, antworteten nur 52 Prozent mit „Ja“. Von den Befragten gaben 43 Prozent an, sie glaubten nicht an ein Leben nach dem Tod, und fast ein Viertel (23 Prozent) der 1.001 Befragten glaubten an Reinkarnation. Im Gegensatz dazu zeigte 2005 eine Umfrage des Nachrichtensenders ABC, dass auf der anderen Seite des Atlantiks 89 Prozent der Amerikaner an den Himmel glaubten.

Hat der britische Zynismus bei der Hälfte der Bevölkerung die Hoffnung auf den Himmel zunichte gemacht? In der Werbung zählt man immer noch darauf, dass potenzielle Kunden auf den Himmel hoffen. Aber haben die Briten die Hoffnung auf die Ewigkeit aufgegeben und sind davon überzeugt, dass das Beste, was das Leben zu bieten hat, nur ein himmlisches Leben im Hier und Jetzt ist? Wenn die Hälfte der Befragten an einen Himmel glaubt und ein Viertel an die Reinkarnation, bleibt dann für das übrige Viertel nur noch die Schlussfolgerung, dass der Tod das Ende von allem ist und es kein Leben nach dem Tod gibt?

Wird uns am Telefon die nüchterne Frage gestellt, ob wir an den Himmel glauben, mag es einfach sein, „Nein“ zu sagen. Aber wenn ein geliebter Mensch dem Tod nahe ist oder eine Krankheit das eigene Leben bedroht, so sind sowohl die Gläubigen als auch die Ungläubigen eher geneigt, ihre lange gehegten Überzeugungen infrage zu stellen.

Lottospieler würden ihr Kreuz vielleicht nicht unbedingt bei „Ich glaube an den Himmel“ machen. Dennoch ist es dieser Stempel – „Für die Ewigkeit“ – auf ihren Herzen, der sie bei der Ziehung der Gewinnzahlen vor Aufregung ganz unruhig werden lässt. Wenn im Fernsehen die Lottozahlen bekannt gegeben werden, schauen Millionen von Menschen auf ihren Zettel und hoffen für den Bruchteil einer Sekunde: *Vielleicht bin ich heute dran!* Die Aufregung in ihren Herzen ist zwar sehr entstellt und von Habgier überzogen, aber im Grunde ist es die Hoffnung auf den Himmel – darauf, dass noch etwas Besseres kommt.

Genau das Gleiche geschieht, wenn die geschiedene Mittvierzigerin in ein Brautkleid schlüpft und zum zweiten oder dritten Mal zum Altar geht. Sie hofft auf den Himmel – auf etwas Vollkommeneres, auf mehr Vertrautheit, auf etwas, das länger hält.

Wenn der ehrgeizige junge Geschäftsmann die Stellenausschreibungen durchschaut, auf der Suche nach der nächsten Stufe auf der Karriereleiter, hält er nach dem Himmel Ausschau – Befriedigung, Erfüllung und Macht, die Zukunft zu verändern.

Schwer arbeitende Eltern, die gerade so über die Runden kommen und in ein besseres Stadtviertel ziehen, damit ihre Kinder auf eine gute Schule kommen, hoffen auf den Himmel – einen geschützten, sicheren Ort, ein himmlisches Zuhause für ihre Familie.

Auch Großmütter und sogar manche Großväter geben – motiviert durch den „Für die Ewigkeit"-Stempel auf ihrem Herzen – der Werbung nach und kaufen Oil of Olaz Total Effects Anti Ageing Feuchtigkeitscreme – und ihre Sehnsucht nach ewiger Jugend verdeckt nur die Hoffnung auf den Himmel.

Kleine Kinder wollen immer wieder ihre Lieblings-Gutenachtgeschichte hören; Teenager gründen ihre erste Band und träumen davon, berühmt zu werden; Biologen durchforschen den Regenwald nach noch unentdeckten Arten; Astronauten erforschen den Weltraum; Rentner buchen den luxuriösesten Urlaub ihres Lebens – sie alle sehnen sich nach einem Stückchen Himmel. Unsere geistliche DNA treibt uns an.

Die Hoffnung auf den Himmel motiviert Millionäre wie Geizhälse; stolze Hausbesitzer wie Obdachlose. Sie motiviert Dichter, Künstler, Musiker und Schriftsteller. Werbeleute und Marketing-Spezialisten verdienen damit ihr Geld. Die Hoffnung auf den Himmel lässt uns morgens aufstehen. Wir erkennen es vielleicht nicht, aber der sehnsüchtige Aufschrei der Menschheit zu allen Zeiten war schon immer: „Es muss doch mehr geben als das hier!"

Doch vielleicht ist die Hoffnung auf den Himmel nichts weiter als eine religiöse Fantasie. 1844 schrieb Karl Marx: „Die Religion ist der Seufzer der bedrängten Kreatur, das Gemüt der herzlosen Welt, wie sie der Geist geistloser Zustände ist. Sie ist das Opium des Volkes."[1] Der Sowjet-Kommunismus hat durch die Umsetzung von Marx' Philosophie versucht, die Religion zu zerstören, aber letztlich behielten die Seufzer und der Geist des russischen Volkes die Oberhand. Der Kommunismus hat versucht, jegliche Religion, jeglichen Glauben an Gott und an ein Leben nach dem Tod auszuradieren. Der Kommunismus hat versagt. Der Glaube und die Treue zu Gott haben die brutale Verfolgung durch die Machthaber überlebt. 1931 hat die Sowjet-Regierung in einem Versuch, den Glauben aus dem Leben der Russen zu löschen, die Christ-Erlöser-Kathedrale zerstört. Aber heute ziert die wieder aufgebaute Kirche mit ihrem goldenen Dom das Zentrum Moskaus und steht symbolisch dafür, dass der Glaube der Russen an einen Gott im Himmel überlebt hat.

Anthropologen haben in jeder Kultur Legenden gefunden, die auf den Himmel hinweisen. Don Richardson, der sein ganzes Leben lang unterschiedliche Kulturen studiert hat, schrieb:

> *„Vor Kurzem habe ich von einem indischen Glauben an einen Baum, der auf dem Kopf steht gehört. Der Baum steht auf dem Kopf, weil seine Wurzeln im Himmel sind. Die Zweige des Baumes reichen auf die Erde hinunter und tragen Früchte für die Menschen. Außerdem wurde der Stamm des Baumes, der auf dem Kopf steht, eingeschnitten. Der Saft, der aus der Wunde am Stamm des Baumes läuft, bringt den Menschen Heilung."*[2]

Richardson schreibt, dass er immer wieder überrascht ist, in den unterschiedlichsten Kulturen rund um den Globus Legenden und Vorstellungen wie diese zu finden, mit denen er dann den Menschen helfen kann, ihr eigenes tiefes Verlangen nach dem

Gott des Himmels zu erkennen, der den Unterschied in diesem Leben hier macht.

In unserer westlichen Kultur deuten die Märchen auf ein ewiges glückliches Leben hin. Schneewittchen, Aschenputtel und Dornröschen warten alle auf ihren Prinzen; Im *Zauberer von Oz* laufen Dorothy und Toto weg und suchen ein besseres Leben „am Ende des Regenbogens“. In modernen Märchen wie der *Toy Story* ist es Buzz Lightyears erklärtes Ziel, „in die Ewigkeit und darüber hinaus“ zu reisen. Buzz will mehr vom Leben, als er jetzt hat.

Der sehnsüchtige Aufschrei der Menschheit zu allen Zeiten war schon immer: „Es muss doch mehr geben als das hier!“

Auch die Natur mit ihrer vergänglichen Schönheit und dem nicht zu unterdrückenden Leben deutet auf die Ewigkeit hin. Die Abläufe in der Natur, die die Menschen zu großen künstlerischen, musikalischen und literarischen Werken inspiriert haben, weisen darauf hin, dass es noch mehr im Leben geben muss. Der vielstimmige Chor der Vögel bei Tagesanbruch; der Frühling, der nach dem Winter unaufhaltsam anbricht; die ewig wiederkehrenden Gezeiten und die unzähligen Sterne – sie alle rufen laut für diejenigen, die Augen haben, um zu sehen und Ohren, um zu hören: „Das Leben kann nicht ausgelöscht werden! Es gibt mehr …“

Sogar an den finstersten Orten, wo jede Menschlichkeit durch das Böse ausgelöscht ist und fast jedes bisschen Schönheit und Vertrautheit verschwunden ist, ruft die Stimme der Gerechtigkeit nach einem Ende des Bösen und einem Neuanfang; nach einem Ort, an dem es keine Tränen mehr gibt, an dem alles

Falsche zurechtgebracht wird. Angesichts von Bosheit und Unmenschlichkeit haben die Sklaven in Amerika Lieder gesungen, die nicht nur von Gerechtigkeit und Freiheit handelten, sondern auch von einer himmlischen Heimat. „Swing low, sweet chariot" zum Beispiel handelt von dem, was nach dem Tod kommt: Auf der anderen Seite des Jordans warten Engel, und der Wagen (chariot) kommt, um uns nach Hause zu bringen.

Die Stimme der Gerechtigkeit ruft nach einem Ende des Bösen und einem Neuanfang.

Die Hoffnung der Menschen auf den Himmel ist am deutlichsten in der Religion zu erkennen – aber wie bei allen religiösen Begriffen gibt es auch beim Himmel wenig Übereinstimmung darüber, was damit gemeint ist. Alle großen Weltreligionen glauben an ein Leben nach dem Tod – entweder im Himmel oder in einer anderen Form auf der Erde.

Der Koran, die heilige Schrift des Islam, beschreibt den Himmel als einen Garten:

*„(Dies ist) das Gleichnis des (Paradies)gartens, der den Gottesfürchtigen versprochen ist: Er ist durcheilt von Bächen; sein Ernteertrag ist immerwährend und (auch) sein Schatten (13,35)."*

*„Für jene wird es die Gärten Edens geben, wo unter(halb von) ihnen Flüsse strömen. Geschmückt sind sie darin mit Armreifen aus Gold, und sie tragen grüne Gewänder aus Seidenbrokat und schwerem Brokat (18,31)."*

*„Darin haben sie vollkommen gereinigte Gattinnen; und Wir lassen sie in vollkommenen Schatten eingehen (4,57)."*[3]

Da der Hinduismus und der Buddhismus die Reinkarnation betonen, spielt der Himmel dort keine so große Rolle. Aber in beiden Religionen gibt es etwas, das über unsere irdische Existenz hinausgeht.

Und was ist mit dem Judentum? Rabbi Shraga Simmons schreibt bei www.judaism.about.com: „Das Leben nach dem Tod ist eine der Grundlagen des jüdischen Glaubens! ... Aus jüdischer Perspektive betrachtet ist unsere unsterbliche Seele genauso real wie unser Daumen. Das hier ist die Welt des Handelns, und die ‚kommende Welt' ist die Welt, in der wir auf ewig erfahren, was wir geworden sind."

In westlichen Kulturen geht die Vorstellung vom Himmel größtenteils auf einen christlichen Hintergrund zurück – aber nicht nur gläubige Christen glauben an ein Leben nach dem Tod. Kindern, deren Mutter oder Vater gestorben ist, wird erzählt: „Papa ist jetzt ein Stern am Himmel", und Erwachsene, die einen geliebten Menschen verloren haben, trösten sich mit Worten wie zum Beispiel in Henry Scott Hollands Gedicht *Der Tod ist nichts*: „Der Tod ist nichts, ich bin nur in das Zimmer nebenan gegangen."

Für diejenigen, die sich Christen nennen, gehört der Himmel normalerweise zum Kern ihres Glaubens, auch wenn sie vielleicht nur bei Hochzeiten und Beerdigungen in die Kirche gehen. Auf den Internetseiten der Anglikanischen Kirche heißt es:

> *„Beerdigungen werfen immer tief gehende Fragen zur Bedeutung von Leben und Tod auf. Jesus selbst hat an einen Leben spendenden Gott geglaubt: ‚der Gott der Lebenden, nicht der Toten'. Christen glauben, dass Jesu Auferstehung der Sieg des Guten über*

*das Böse und des Lebens über den Tod ist und uns ewiges Leben gegeben hat.*

*Schon immer hat die christliche Lehre mit dem Mysterium dessen gerungen, was man die* vier letzten Dinge *nennt: der Himmel, die Hölle, der Tod und das Gericht. Wir wissen, dass alle Menschen von Gott gerichtet werden, und der Zusammenhang von Gottes Liebe und seiner Gerechtigkeit und Gnade war schon immer Thema christlicher Schriften.*

*Wie der* Himmel *aussieht, wagt niemand genau zu beschreiben, wir wissen aber, dass wir uns an der Gegenwart und Liebe Gottes und des ganzen Himmels erfreuen werden. Alles, was an diesem Leben schön ist, ist nur ein schwacher Abglanz der Herrlichkeit des kommenden Lebens.“*[4]

Viele Menschen finden es tröstlich, wenn der Priester oder ein anderer Geistlicher bei einer Beerdigung Bibelverse in einer veralteten Sprache vorliest: „Ich bin die Auferstehung und das Leben. Wer an mich glaubet, der wird leben, ob er gleich stürbe; und wer da lebet und glaubet an mich, der wird nimmermehr sterben“ (Johannes 11,25-26, Luther 1912).

Aber was bedeutet das alles? Sogar gestandene Christen scheinen nur eine vage Vorstellung vom Himmel zu haben. In der Bibel finden wir keinen Reiseführer zum Himmel. Kann man das Geheimnis, das den Himmel umgibt, etwas lüften? Was genau können wir über den Himmel sagen? Was meinen wir, wenn wir vom „Himmel“ sprechen? Ist er das gleiche wie das ewige Leben? Wie können wir uns den Himmel vorstellen? Und wer kommt dort hin?

In der Bibel finden wir keinen Reiseführer zum Himmel.

# 2.

# WOHER WEISS ICH, OB ES DEN HIMMEL GIBT?

2

# Woher weiß ich, ob es den Himmel gibt?

## Die Flügel des Himmels

*Wenn der trübe, dunkle Winter*
*dem frischen Grün und leuchtenden Gelb*
*des Frühlings weicht;*
*wenn schlafende Samen winzige Blätter*
*durch den kahlen Boden treiben;*
*wenn hässliche Raupen*
*aus ihren Kokons schlüpfen*
*und sich in wunderbare Schmetterlinge*
*verwandelt haben …*

*… dann steigt auch in den Menschenherzen*
*die Hoffnung auf den Himmel auf.*[1]

Paulus, Gemeindeleiter im ersten Jahrhundert nach Christus, schrieb an die Christen in Rom: „Weil Gott die Welt geschaffen hat, können die Menschen sein unsichtbares Wesen, seine ewige Macht und göttliche Majestät mit ihrem Verstand an seinen Schöpfungswerken wahrnehmen. Sie haben also keine Entschuldigung“ (Römer 1,20).

Paulus erklärt hier, dass die Ewigkeit und Gottes Existenz augenscheinlich sind. Die Welt um uns herum zeigt, dass es mehr gibt als das, was wir mit den Augen sehen; es gibt einen Gott, der alles geschaffen hat.

Zu allen Zeiten wurden die Menschen inspiriert von der wunderbaren Verwandlung einer Raupe in einen Schmetterling oder von der Schönheit einer Hyazinthe, die aus einer runzeligen Knospe entsteht. Aber sind das Einblicke in den Himmel oder nur der Beweis, dass es einen „Kreislauf des Lebens“ gibt? Könnte es nicht genauso der Beweis für die Reinkarnation sein wie für ein ewiges Leben in einer anderen Dimension?

Die Schöpfung weist uns eindeutig auf die Ewigkeit hin, aber wie können wir Paulus' Behauptung bestätigen? Bevor wir beweisen können, dass es den Himmel gibt, müssen wir wissen, dass es etwas – oder jemanden – jenseits unseres menschlichen Daseins gibt.

Paulus sah, wie die Menschen um ihn herum nach etwas suchten, das mehr war. Als er in Athen war, entdeckte er einen Altar mit der Aufschrift: „Für einen unbekannten Gott“. Und er sagte dazu Folgendes:

> *„Was ihr da verehrt, ohne es zu kennen, das mache ich euch bekannt. Es ist der Gott, der die Welt geschaffen hat und alles, was darin lebt. Als Herr über Himmel und Erde wohnt er nicht in Tempeln, die ihm die Menschen gebaut haben. Er ist auch nicht darauf angewiesen, von den Menschen versorgt zu werden; denn er selbst gibt ihnen das Leben und alles, was sie zum Leben brauchen.“*
> (Apostelgeschichte 17,23–25)

Wie die Athener, so haben auch viele andere Zivilisationen Dinge aus der Schöpfung zum Gegenstand ihrer Anbetung gemacht – so zum Beispiel die Inkas, die den Sonnengott Inti anbeteten. Aber genau wie den Athenern, so war es auch den Inkas nicht genug, die Dinge der Schöpfung anzubeten. In *Ewigkeit in ihren Herzen* beschreibt Don Richardson, wie der Inka-König Pachacuti, der Machu Picchu erbaut hatte, den Sonnengott infrage zu stellen begann und sich fragte: „Wenn Inti Gott ist, warum tut er dann nichts wirklich *Ursprüngliches*? Wenn Inti wirklich Gott wäre, *dann könnte nichts Geschaffenes sein Licht in den Schatten stellen!*"

Richardson hielt fest, was er von einem spanischen Priester wusste, der 1575 einige geistliche Lieder der Inka gesammelt hatte, aus denen hervorging, dass „Pachacuti zu der Erkenntnis kam, dass er ein bloßes Ding als seinen Schöpfer angebetet hatte! Mutig stellte er sich der unausweichlichen Frage: Wenn Inti nicht der wahre Gott war, *wer war es dann*?"[2]

Die Welt um uns herum zeigt, dass es mehr gibt als das, was wir mit den Augen sehen.

Traditionen, die in seiner eigenen Kultur verborgen waren, zeigten ihm den Weg zur Antwort: *Viracocha* – wie seine Vorfahren Gott, den allmächtigen Schöpfer genannt hatten. Pachacuti erinnerte sich daran, dass sein eigener Vater, Hatan, einmal behauptet hatte, in einem Traum einen Rat von Viracocha bekommen zu haben, der Hatan daran erinnert hatte, dass er – Viracocha – der wahre Schöpfer aller Dinge war.

Leider wurde die Kultur der Inkas von den spanischen Eroberern zerstört, noch bevor Pachacuti dafür sorgen konnte, dass sein Volk wieder zu seinem lange vergessenen Glauben an den „ewigen, fernen, höchsten und nicht erschaffenen" Schöpfer aller Dinge zurückfand. Aber Pachacuti bewies damit, dass Paulus recht hatte: Er erkannte an dem, was geschaffen ist, dass es einen ewigen, nicht erschaffenen Gott geben musste.

Für uns deuten die Komplexität und die Wunder unseres Planeten zumindest auf einen intelligenten

Plan hin. Der christliche Glaube behauptet, dass dieser nicht erschaffene Gott nicht fern ist, sondern sich in Jesus gezeigt hat, der auf der Erde zur Welt kam und ganz Gott und ganz Mensch war. Niemand kann die Existenz des Himmels beweisen, aber ich möchte auf das hinweisen, was Jesus gesagt hat. Jesus hat Gott seinen „Vater im Himmel" genannt und gesagt: „Ich bin vom Vater in die Welt gekommen. Jetzt verlasse ich die Welt wieder und gehe zum Vater" (Johannes 16,28).

Jesus hat auch von der Zukunft gesprochen, wenn er wiederkommen wird: „Ihr werdet den Menschensohn sehen, wie er an der rechten Seite des Allmächtigen sitzt und mit den Wolken des Himmels kommt" (Markus 14,62).

Jesus hat Gott seinen „Vater im Himmel" genannt.

Es würde zu weit führen, hier die Existenz Gottes zu diskutieren oder wie zuverlässig die Bibel über das Leben und Wirken Jesu berichtet. Viele bedeutende Wissenschaftler haben dies schon sehr wortgewandt und für die Öffentlichkeit zugänglich getan. Deshalb setze ich einfach voraus, dass Jesus uns Gott offenbart hat und dass die Bibel eine zuverlässige Quelle für seine Worte ist. Aufgrund von Jesu Leben, Tod, Auferstehung und Lehre können wir davon ausgehen, dass es irgendwo einen Ort namens Himmel gibt. Jesus sagte, er sei vom Himmel gekommen. Er starb, überwand den Tod, ist in den Himmel zurückgekehrt und hat uns versprochen, dass er vom Himmel her wiederkommen wird.

Für diejenigen, die weder glauben, dass Jesus uns Gott offenbart hat, noch dass die Bibel ein glaubhaftes Zeugnis für sein Leben und seine Lehre ist, kann der Glaube an einen Himmel kaum mehr sein als eine tröstliche Tradition oder Wunschdenken. Vielleicht sind die 48 Prozent der Briten, die nicht an den Himmel glauben, einfach nur ehrlich, obwohl es etwas verwirrend ist, dass gleichzeitig 71 Prozent angaben, Christen zu sein.

Paulus schrieb, dass das Leben ohne die Hoffnung auf etwas, das über dieses Leben hinausgeht, sinnlos sei: „Ist aber Christus nicht auferweckt worden, so ist euer ganzer Glaube vergeblich. ... Wenn wir nur für das jetzige Leben auf Christus hoffen, sind wir bedauernswerter als irgendjemand sonst auf der Welt“ (1. Korinther 15,17+19).

Was ist also mit der Reinkarnation? Die Bibel macht dazu ganz eindeutige Aussagen: „So wie jeder Mensch nur einmal sterben muss, danach kommt er vor Gottes Gericht, so wurde auch Christus nur einmal geopfert, um die Sünden aller Menschen wegzuschaffen. Wenn er zum zweiten Mal erscheint, dann nicht nochmals wegen der Sünde, sondern nur noch, um alle, die auf ihn warten, endgültig zu retten“ (Hebräer 9,27–28).

Und was ist mit den Menschen, die behaupten, Visionen vom Himmel gehabt zu haben? Manche hatten eine Nahtoderfahrung und bringen das, was sie gesehen, gehört und gespürt haben, mit dem Himmel in Verbindung. Neuere Studien haben ergeben, dass zehn Prozent der Menschen, die einen Herzstillstand hatten, von solchen Nahtoderfahrungen berichten, in denen sie einen Tunnel aus Licht gesehen oder ein überwältigendes Gefühl des Friedens gespürt haben, bevor sie wiederbelebt wurden. In der Zeit bevor es Morphium gab, das nicht nur den Schmerz lindert, sondern auch die Sinne beeinträchtigt, waren Visionen auf dem Sterbebett keine

Seltenheit. Aber keiner dieser Berichte kann beweisen, dass der Himmel mehr ist als eine Halluzination oder ein Hirngespinst.

Jesus ist der einzige Mensch in der Weltgeschichte, der uns den Weg geebnet hat, um ihm in unser ewiges Zuhause im Himmel zu folgen, indem er gestorben und wieder ins Leben zurückgekehrt ist.

Unmittelbar bevor er starb, betete Jesus: „Vater, du hast sie mir gegeben, und ich will, dass sie mit mir dort sind, wo ich bin. Sie sollen meine Herrlichkeit sehen, die du mir gegeben hast, weil du mich schon liebtest, bevor die Welt geschaffen wurde“ (Johannes 17,24).

Bei seiner Gerichtsverhandlung vor Pilatus sagte Jesus: „Mein Königtum stammt nicht von dieser Welt. ... Nein, mein Königtum ist von ganz anderer Art!“ (Johannes 18,36).

Das Reich des Himmels war eins von Jesu Lieblingsthemen. Weil Jesus lebte, starb und auferstand, können wir sicher sein, dass es den Himmel gibt.

Das Reich des Himmels war eins von Jesu Lieblingsthemen.

Wir sind für mehr geschaffen – für etwas, das dieses Leben überdauert und uns mehr bietet, als dieses Leben uns je bieten kann. Die ganze Schöpfung schreit danach. Alle Kulturen und Religionen glauben daran. Aber das überzeugendste Argument für die Existenz des Himmels ist, dass Jesus „dort war und uns ein T-Shirt mitgebracht hat“ – oder biblischer ausgedrückt: Sein Tod und seine Auferstehung haben uns das Gewand der Gerechtigkeit erkauft – das im Himmel unbedingt erforderliche Hochzeitsgewand für seine Nachfolger. Aber darüber später mehr.

3.

# WIE SIEHT DER HIMMEL AUS?

## WIE EIN GARTEN?

3

## Wie sieht der Himmel aus? Wie ein Garten?

*„Was kein Auge jemals gesehen*
*und kein Ohr gehört hat,*
*worauf kein Mensch jemals gekommen ist,*
*das hält Gott bereit für die, die ihn lieben.*
*Uns hat Gott dieses Geheimnis enthüllt*
*durch seinen Geist."*
1. Korinther 2,9–10

In Matt Groenings Buch *Bart Simpsons Tipps und Tricks für alle Lebenslagen* fragt sich Bart: „Himmel oder Hölle? Was ist besser?" und formuliert die Entscheidung so:

*„Himmlische Chöre oder Heavy Metal Bands?*
*Großmutter treffen oder Großmutter nie wieder sehen müssen?*
*All die seltsamen Kreaturen Gottes oder endlos Itchy & Scratchy sehen?*
*Dr. Suess' Grinch oder Dr. Frankenstein?*
*Friede und Ruhe oder jaulende Dudelsackmusik?*
*Ein gigantisches Nichtraucherabteil oder eine riesige Feuerwand?*
*Himmlische Visionen oder billige Fernsehfilme?*
*Die natürliche Ordnung der Dinge oder ihre Aufhebung?*
*Schäfchenwölkchen oder Kondensstreifen?*
*Ewige Glückseligkeit oder ein endloses Schlagzeug-Solo?*
*Milch und Honig oder Feuer und Schwefel?*
*Rotbäckige Barock-Engelchen oder tätowierte Motorrad-Bräute?*

*Pu der Bär oder Attila der Hunnenkönig? Das harmonische Miteinander aller Rassen und Religionen oder Gerangel um die besten Plätze?"*[1]

Auch wenn Sie kein Simpson-Fan sind, vermittelt Ihnen das doch einen Eindruck von Barts Vorstellung vom Himmel. Die Gedanken mancher Menschen über religiöse Themen wie „Wie sieht der Himmel aus?" gehen nicht weiter als die von Bart Simpson. Und ihrem Traum von einem glücklichen ewigen Leben entspricht das althergebrachte Bild von einem steifen, artigen Leben im Himmel, wo man ewig Harfe spielt, genauso wenig wie der schelmischen Zeichentrickfigur Bart.

Aber wenn der Himmel tatsächlich jede Vorstellungskraft übersteigt und unendlich erfüllender ist als unsere wildesten Träume, können wir dann die Frage „Wie sieht der Himmel aus?" überhaupt beantworten, da uns die Bibel ausdrücklich verbietet, Medien und Spiritisten zu befragen? Jesaja schrieb: „Und wenn sie euch raten, die Totenbeschwörer und Zauberer, die geheimnisvoll flüstern und murmeln, zu befragen, so antwortet: ‚Soll ein Volk nicht lieber seinen Gott befragen? Soll man die Toten über die Lebenden befragen?'" (Jesaja 8,19 NL).

Die Bibel sagt, dass Gott uns durch seinen Geist offenbart hat, was diejenigen erwartet, die ihn lieben (siehe 1. Korinther 2,9–10). Heutzutage behandeln manche Wissenschaftler die Bibel wie jedes andere Buch der Antike. Meine Beschreibung des Himmels basiert auf der Überzeugung, dass der Heilige Geist von der Inspiration der Bibel bis zu ihrer endgültigen Zusammenstellung, der Kanonisierung, den Inhalt immer unter Kontrolle hatte. Die Bücher, die in unserer heutigen Bibel sind, sind es deshalb, weil Gott wollte, dass jedes davon zur Offenbarung des Geistes an uns gehört: die Geschichtsbücher über das Volk Israel, die poetischen Bücher wie die Psalmen und das Hohelied, die vier Evangelien, die Briefe an die ersten Gemeinden und die prophetischen Schriften. Sogar ein so erstaunliches Buch wie das Buch Esther, in dem Gott nicht einmal erwähnt wird, spielt in Gottes Offenbarung seines Wesens und seines Plans für sein Volk eine wichtige Rolle.

Der Himmel wird manchmal als ein paradiesischer Garten beschrieben. Die Schöpfung ist, wie wir im vorangehenden Kapitel gesehen haben, eine Art, wie Gott sich und das, was er für seine Kinder vorbereitet hat, zeigt. Wenn uns der Heilige Geist die Augen öffnet, erkennen wir das Wunder der Auferstehung und des neuen Lebens um uns herum.

Der Himmel ist nicht einfach nur eine Neuauflage des Gartens Eden. In der Offenbarung des Johannes sagt Gott: „... die erste Welt mit ihrem ganzen Unheil ist für immer vergangen. ... Ja, ich mache alles neu!“ (Offenbarung 21,4–5 NL). Wenn Gott etwas Neues schafft, so hat das Neue einen Hauch vom Alten, etwas des Vergangenen. Aber das Neue ist unendlich viel besser. So konnte man Jesus zum Beispiel nach der Auferstehung wiedererkennen, aber sein Körper war auch anders. Als Maria Jesus nach der Auferstehung beim Grab sah, erkannte sie ihn zunächst nicht; sie dachte, er sei der Gärtner. Die beiden Jünger auf dem Weg nach Emmaus, die Jesus begegneten, erkannten ihn erst, als er vor ihren Augen verschwand. Man konnte Jesu neuen Körper anfassen und er konnte essen, aber er konnte auch durch eine verschlossene Tür gehen.

> Gott sagt: „Ja, ich mache alles neu!“

In der Geschichte scheint Gott immer wieder nach denselben Mustern zu handeln. Durch diese Wiederholung offenbart der Heilige Geist denen, die Gott lieben, seinen Plan. Wenn wir uns die Beschreibung des Gartens Eden in 1. Mose, die Berichte über Kanaan – das verheißene Land – und die Offenbarung des Johannes anschauen, bekommen wir einen Eindruck vom Himmel.

Eden, Kanaan und das Himmelreich in der Offenbarung des Johannes sind alle gut bewässert und fruchtbar. Im Garten Eden – dem Ort im ersten Buch Mose, von dem Gott sagte, „es war sehr gut“ – wimmelte es vor Leben. Es war ein über und über fruchtbarer Ort, mit Flüssen, die alles bewässerten, ohne dass es regnete; ein Ort, an dem Gott in der Kühle des Tages, am Abend, wenn der Duft der Blumen betörend war, spazieren ging; ein Ort, an dem Mann und Frau sich nicht voreinander schämten und in der Bebauung und Bewahrung des Gartens eine kreative, erfüllende Aufgabe fanden, fruchtbar waren und sich vermehrten.

Als das Volk Israel das verheißene Land zum ersten Mal sah, bekamen sie einen kleinen Eindruck vom himmlischen Garten. Moses schickte zwölf Männer los, um das Land zu erkunden. Sie kamen mit einigen Früchten des Landes zurück, darunter auch eine Traube Weintrauben, die so groß war, dass zwei Männer sie an einer Stange tragen mussten. „Wir kamen in das Land, in das du uns geschickt hast. Dort fließen in der Tat Milch und Honig und das hier sind Früchte, die dort wachsen“ (4. Mose 13,27 NL), berichteten sie.

Wenn Kanaan das Land war, von dem die zwölf Späher sagten, dass dort „Milch und Honig fließen", war es offensichtlich ein üppiges, grünes Land voll blühender Pflanzen. Wenn in Kanaan die Tiere so viel Futter fanden, dass sie endlos viel Milch gaben und die Bienen jede Menge Honig produzierten, dann muss es der gut bewässerte Garten sein, von dem bei den Propheten die Rede ist (Jesaja 58,11, Jeremia 31,12).

Für ein Volk, das zu Fuß durch die Wüste gewandert war, war es ein Ort, an dem sie auf grünen Weiden liegen, an stillen Wassern gehen und an Leib und Seele erfrischt werden konnten. Hier erfüllte sich die Sehnsucht eines ganzen Volkes, die noch viele Jahre später in dem bekannten Psalm des berühmten Hirten und Königs David nachklang, als er davon schrieb, für immer im Hause des Herrn zu sein (Psalm 23).

Nach dieser ersten Erkundung von Kanaan, als sie unmittelbar davor standen, ins verheißene Land einzuziehen, sprach Gott zum Volk Israel über das Land, das sie einnehmen sollten. Er erklärte ihnen, was sie in Kanaan erwartete, aber er gibt uns damit auch einen kleinen Einblick in das, was uns im Himmel erwartet.

*„Hier müsst ihr euch nicht so plagen wie in Ägypten, woher ihr gekommen seid. Wenn ihr dort euer Getreide ausgesät hattet, musstet ihr die Äcker mühsam bewässern, wie man es sonst nur bei Gemüsegärten macht. In dem Land, in das ihr jetzt kommt, gibt es Berge und Täler und es wird vom Regen bewässert. Der Herr, euer Gott, kümmert sich selbst um das Gedeihen und blickt das ganze Jahr über, vom Anfang bis zum Ende, freundlich auf das Land. ...*

*[Er wird] euren Feldern zur rechten Zeit Regen schicken, im Herbst und im Frühjahr. Ihr werdet Korn, Wein und Öl ernten können und euer Vieh wird Gras zum Weiden finden. Ihr werdet immer genug zu essen haben. ...*

*Jeden Fleck Erde, den ihr betreten werdet, gebe ich euch ...“*

5. Mose 11,10-12+14-15+24

Wenn die Vorstellung eines Gartens Ihnen uninteressant erscheint, so will ich Ihnen versichern, dass dieser himmlische Garten, obwohl er voll blühender Pflanzen und Früchte ist, kein langweiliges Säen, Unkraut jäten und Gießen erfordert, wie ein gewöhnlicher Gemüsegarten. Darum wird Gott sich kümmern. Dieses Land mit Bergen und Tälern scheint ganz mühelos eine üppige Ernte hervorzubringen. Uns erwartet nicht die Wiederauflage von Beatrix Potters Gemüsegarten aus Peter Hase – dieser himmlische Garten vereint die Fülle des afrikanischen Regenwaldes und die Herrlichkeit des Himalaya-Gebirges. Gottes Beschreibung legt nahe, dass das Land, das uns erwartet, so aufregend ist wie eine unentdeckte tropische Insel, so befriedigend wie ein Weinberg, der reichen Ertrag bringt, und entzückender als die hübscheste Gartenschau.

... ein immer fruchtbarer Ort, wie der Garten Eden ...

In der Offenbarung des Johannes liegt im Himmel der Ursprung vom Strom des Lebens; es ist ein immer fruchtbarer Ort, wie der Garten Eden.

> *„Der Engel zeigte mir auch den Strom mit dem Wasser des Lebens, der wie Kristall funkelt. … An beiden Seiten des Flusses wachsen Bäume: der Baum des Lebens aus dem Paradies. Sie bringen zwölfmal im Jahr Frucht, jeden Monat einmal. Ihre Blätter dienen den Menschen aller Völker als Heilmittel.“*
> Offenbarung 22,1–2

In diesem Garten muss man nicht warten bis einmal im Jahr die Ernte reif ist – es gibt jeden Monat etwas zu ernten. Es gibt Heilung, und Schmerz und Tod ist ein Ende gesetzt.

Für die Landwirte dieser Welt, die mit unberechenbarem Wetter, Trockenheit und harter Arbeit leben müssen, ist dieser himmlische Garten ein wirkungsvolles, anziehendes Bild für das kommende Zeitalter. Für berufstätige Pendler, die jeden Tag in einem überfüllten stickigen Zug fahren oder im Stau stehen, ist die Vorstellung eines Paradieses im Himmel, wo wir uns ausruhen und entspannen können, genauso unwiderstehlich. Und der Gemeinde, die manchmal nur mit Müh und Not ihren Mann zu stehen scheint und die die Anbetung Gottes manchmal mehr als Arbeit denn als etwas Wunderbares empfindet, erscheint der himmlische Garten als ein Ort der reinen Freude.

Das Paradies im Himmel ist etwas für Menschen mit Abenteuergeist, wie ihn die Pilgerväter besaßen, die ein neues Land suchten, oder viktorianische Botaniker, die nach unbekannten Arten forschten, oder heutige Gärtner, die die Befriedigung erleben wollen, eine eigene Blumensorte gezüchtet zu haben. Es ist für diejenigen, die sich nach einer langen Reise ausruhen wollen, genauso wie für diejenigen, die sich gern die Hände schmutzig machen, um sich dann am Erfolg ihrer Arbeit zu freuen. Es ist für diejenigen, die majestätische Berge und wild schäumende Gebirgsflüsse ebenso lieben wie Wiesen voller Wildblumen und Getreidefelder, die sich sanft im Wind wiegen.

Wenn diese Bilder Sie ansprechen, dann reagieren Sie gerade auf den Ruf der Ewigkeit. Aber wenn dieser himmlische Garten Ihnen nichts bedeutet ... dann hat Gott noch ein anderes Bild für Sie bereit: eine Stadt.

# 4.

# WIE EINE STADT – DAS NEUE JERUSALEM?

4

## Wie eine Stadt – das neue Jerusalem?

*„Als sich gerade die Tore öffneten,*
*um die Menschen einzulassen,*
*sah ich ihnen nach;*
*und siehe da, die Stadt erstrahlte wie die Sonne;*
*und die Straßen waren mit Gold gepflastert;*
*und darinnen gingen Menschen einher mit Kronen auf den Häuptern,*
*Palmwedeln in den Händen und goldenen Harfen,*
*auf denen sie ihre Loblieder spielten …*
*Ich wünschte mir, ich wäre unter ihnen."*
John Bunyan[1]

Stellen Sie sich einmal vor, Sie wären vierzig Jahre lang durch eine Wüste gewandert ohne ein richtiges Zuhause. Und als Sie am Ziel ankommen, können Sie sich immer noch nicht ausruhen. Sie müssen erst noch kämpfen, um das Land in Besitz zu nehmen. Wenn das Land dann endlich Ihnen gehört, ist die Sicherheit und Beständigkeit der befestigten Hauptstadt sehr anziehend. Dann kommt noch eine jährliche Pilgerfahrt mit der ganzen Familie vom Land in diese Stadt hinzu. Das ist wie Weihnachten und alle anderen Feiertage zusammen! Die ganze Verwandtschaft ist da und Menschen aus aller Herren Länder versammeln sich, um ein rauschendes Fest zu feiern.

Wenn in der Bibel von einer Stadt die Rede ist, so sind damit nicht lauter schmutzige Häuser und traurige, einsame Menschen gemeint. Diese Stadt ist ein blühender, friedvoller, sicherer Ort mit starken Mauern, die auf einem Hügel mit wunderbarer

Aussicht steht. Und obendrein ist es auch noch der Königssitz. Der König selbst lebt dort.

Moderne Städte haben meist wenig Himmlisches an sich. Architekten haben versucht, „Gartenstädte“ zu bauen, wie Welwyn und Letchworth in England, aber keine davon kommt auch nur annähernd an die Fülle dieser himmlischen Stadt heran, die Johannes in seiner Vision des Himmels gesehen hat:

> *„... in der Vision trug mich der Engel auf die Spitze eines sehr hohen Berges. Er zeigte mir die Heilige Stadt Jerusalem, die von Gott aus dem Himmel herabkam. Sie strahlte die Herrlichkeit Gottes aus und glänzte wie ein kostbarer Stein, wie ein kristallklarer Jaspis. Sie war von einer mächtigen, hohen Mauer mit zwölf Toren umgeben. Die Tore wurden von zwölf Engeln bewacht, und die Namen der zwölf Stämme Israels waren an die Tore geschrieben. Nach jeder Himmelsrichtung befanden sich drei Tore, nach Osten, nach Norden, nach Süden und nach Westen. Die Stadtmauer war auf zwölf Grundsteinen errichtet, auf denen die Namen der zwölf Apostel des Lammes standen.*
>
> *Der Engel, der zu mir sprach, hatte einen goldenen Messstab, um die Stadt, ihre Tore und ihre Mauern auszumessen. Die Stadt war viereckig angelegt, ebenso lang wie breit. Der Engel maß die Stadt mit seinem Messstab. Sie war zwölftausend Wegmaße lang und ebenso breit und hoch. Er maß auch die Stadtmauer. Nach dem Menschenmaß, das der Engel gebrauchte, war sie hundertvierundvierzig Ellen dick. Die Mauer bestand aus Jaspis. Die Stadt selbst war aus reinem Gold erbaut, das so durchsichtig war wie Glas.*

*Die Fundamente der Stadtmauer waren mit allen Arten von kostbaren Steinen geschmückt. Der erste Grundstein ist ein Jaspis, der zweite ein Saphir, der dritte ein Chalzedon, der vierte ein Smaragd, der fünfte ein Sardonyx, der sechste ein Karneol, der siebte ein Chrysolith, der achte ein Beryll, der neunte ein Topas, der zehnte ein Chrysopras, der elfte ein Hyazinth und der zwölfte ein Amethyst. Die zwölf Tore waren zwölf Perlen. Jedes Tor bestand aus einer einzigen Perle. Die Hauptstraße der Stadt war aus reinem Gold, so durchsichtig wie Glas. Einen Tempel sah ich nicht in der Stadt. Gott, der Herrscher der ganzen Welt, ist selbst ihr Tempel, und das Lamm mit ihm. Die Stadt braucht weder Sonne noch Mond, damit es hell in ihr wird. Die Herrlichkeit Gottes strahlt in ihr und das Lamm ist ihre Leuchte. In dem Licht, das von der Stadt ausgeht, werden die Völker leben. Die Könige der Erde werden ihren Reichtum in die Stadt tragen. Ihre Tore werden den ganzen Tag offen stehen, mehr noch: Sie werden nie geschlossen, weil es dort keine Nacht gibt. Pracht und Reichtum der Völker werden in diese Stadt gebracht. Aber nichts Unreines wird Einlass finden. Wer Götzen anbetet und sich nicht an die Wahrheit hält, kann die Stadt nicht betreten. Nur wer im Lebensbuch des Lammes aufgeschrieben ist, wird in die Stadt eingelassen.“*
Offenbarung 21,10–27

Haben Sie sich je gefragt wo Geburtssteine herkommen oder die Vorstellung, dass die himmlische Stadt Straßen aus Gold hat? Beides kommt in dieser Vision des Johannes vor. Und der Gedanke, die Himmelspforte sei ein Perlentor? Hier sind die Tore aus Perlen der Weg in die himmlische Stadt. Perlen entstehen, wenn eine Verunreinigung, etwas Störendes in eine Muschel eindringt und sie reizt. Im Innern der Muschel wird diese Verunreinigung dann ganz im Verborgenen in etwas sehr Schönes und Kostbares verwandelt. Können wir hier etwas darüber lernen, wie Gott den Schmerz des Todes verwandelt? Genauso war es im Alten Testament mit dem Achortal, dem „Unglückstal", das zu einem Tor der Hoffnung wurde (Hosea 2,17).

Johannes' Vision ist vollgepackt mit Bildern und Symbolen. Obwohl wir diesseits der Ewigkeit nur „unvollkommen" erkennen (1. Korinther 13,12), lassen sich einige Erkenntnisse doch leicht aus dieser Vision ableiten. Man beachte nur die Größe und Maße der himmlischen Stadt. Sie ist ein perfekter Würfel und symbolisiert so Vollkommenheit in jeder Hinsicht. Dass die Zahl Zwölf immer wieder vorkommt, deutet auf das Alte Testament hin, wo Gottes erwähltes Volk aus zwölf Stämmen besteht, und auf die zwölf Apostel des Neuen Testaments, die für die Gemeinde stehen. Die Symbole, mit denen die himmlische Stadt beschrieben wird, verdeutlichen, dass der Himmel wunderschön ist, ewig besteht und ein sicherer Ort mit starken Grundmauern und Platz für alle ist – Juden wie Nichtjuden – „eine große Menge Menschen, so viele, dass niemand sie zählen konnte. Es waren Menschen aus allen Nationen, Stämmen, Völkern und Sprachen" (Offenbarung 7,9), das heißt, „nur wer im Lebensbuch des Lammes aufgeschrieben ist" (Offenbarung 21,27) – aber darauf kommen wir später noch zurück.

Die Maße der Stadt erinnern an die Maße des vergoldeten Allerheiligsten im Tempel Salomos (1. Könige 6). Dort stand die Bundeslade, welche die Gegenwart Gottes symbolisierte. Im Himmel braucht es keinen Tempel mehr, weil Gott immer da ist. Aber im Hebräerbrief wird erklärt, dass der von Menschenhand gemachte Tempel ein Abbild des Himmels war.

> *„Jeder Oberste Priester wird dazu eingesetzt, Gott Gaben und Opfer darzubringen. ... Sie verrichten ihren Dienst allerdings in einem Heiligtum, das nur einen Schatten, nur eine unvollkommene Nachbildung des wahren Heiligtums darstellt, das im Himmel ist. Denn als Mose daranging, das Heilige Zelt zu errichten, erhielt er von Gott die Weisung: ‚Gib Acht, dass alles genau nach dem Urbild angefertigt wird, das ich dir hier auf dem Berg gezeigt habe.'"*
> Hebräer 8,3+5

Was hat das zu bedeuten? Wenn es in der himmlischen Stadt keinen Tempel mehr gibt, wie kann der irdische Tempel dann ein Abbild des Himmels sein?

Im Himmel braucht es keinen Tempel mehr, weil Gott immer da ist.

Als meine Kinder noch klein waren, hatten sie ein Lieblingsspielzeug: einen Puppenherd aus Plastik mit Kochplatten und Backofen. Sie spielten stundenlang mit ihren Plastiktöpfen und Küchenutensilien und kochten für Fantasie-Gäste. Ihr Spielzeugherd hatte weder die Größe noch die Möglichkeiten eines echten Herdes, aber es war eine sichere Alternative, mit der sie Freude hatten und Fähigkeiten entwickelten, die für den Rest ihres Lebens wertvoll waren. Die Stiftshütte und der Tempel – und manche Kirchengebäude – wurden genau nach Gottes Plan gebaut, damit wir uns besser vorstellen können, wie der Himmel aussieht. Es sind nicht die Steinmauern oder bunten Fenster, sondern die Symbole und die Beziehung zwischen Gott und seinem Volk, die uns zeigen, wie wir Zugang zu Gottes Gegenwart bekommen.

Und so wären wir wieder bei den wiederkehrenden Mustern der Bibel. Wichtige Elemente der Stiftshütte in der Wüste und des Tempels in Jerusalem zeigen uns bestimmte Aspekte des Himmels. Im Alten Testament durften nur die Priester die heiligen Pflichten erfüllen. Aber vergessen Sie nicht, dass im Neuen Testament alle, die mit Jesus leben, als Priester bezeichnet werden. Im Abbild – dem Tempel – gibt es für die Priester ein Wasserbecken, an dem sie sich reinigen können, bevor sie hineingehen. Um Zutritt zum echten Tempel – dem Himmel – zu bekommen, müssen alle, die mit Jesus leben, gereinigt werden. Darum geht es bei der Taufe, Buße und Vergebung.

Im Abbild des Himmels im Alten Testament gibt es einen Altar, um Opfer darzubringen. Im Himmel – dem wahren Tempel – ermöglicht das ein für alle Mal dargebrachte Opfer Jesu den Zugang. Jesus wird als das Lamm Gottes bezeichnet und wird so als das vollkommene Opfer, das unsere Sünde wegnimmt und durch das wir Zutritt zum Himmel haben, mit dem vollkommenen Passalamm in 2. Mose 12 in Verbindung gebracht. Das Lebensbuch des Lammes bezieht sich auf 2. Mose, wo die versklavten Israeliten dem Tod entkamen, indem sie ihre Häuser mit dem Blut des Passalammes kennzeichneten. Auch heute hat der Tod keine Macht über diejenigen, die symbolisch mit dem Blut des Lammes gekennzeichnet sind – durch Jesu Tod am Kreuz.

Das Salböl, mit dem die Priester und alle Geräte zum Gottesdienst im Tempel geheiligt wurden, steht symbolisch für den Heiligen Geist, mit dem alle, die mit Jesus leben, geheiligt werden, um Gott anzubeten: „Gott ... hat uns gesalbt und uns sein Siegel aufgedrückt. Er hat seinen Geist in unser Herz gegeben als Anzahlung auf das ewige Leben, das er uns schenken will" (2. Korinther 1,21–22).

Im irdischen Abbild des Himmels trugen die Priester ganz besondere Kleidung mit einer maßgenau angefertigten Brusttasche, auf die Edelsteine aufgesetzt waren – ein Edelstein für jeden Stamm Israels. Die Edelsteine, die in 2. Mose 28 aufgezählt werden, entsprechen den Edelsteinen, die Johannes in seiner Vision der himmlischen Stadt sah. Wenn die Priester mit der mit Edelsteinen besetzten Brusttasche in die Stiftshütte oder den Tempel gingen, so brachten sie symbolisch alle Stämme Israels in die Gegenwart Gottes.

In Hebräer 7 wird erklärt, inwiefern das irdische Abbild uns zeigt, was im Himmel geschieht. Jesus ist im Himmel und betet für uns: Es ist so, als trage er sein Volk wie Edelsteine auf einer Brusttasche auf seinem Herzen in Gottes Gegenwart. Und als ein Volk von Priestern erfüllen alle Christen ebenfalls diese Funktion – sie bringen die Nöte der Welt im Gebet zu Gott.

Im Hebräerbrief wird Jesus so beschrieben:

*„... Jesus ist der Oberste Priester, den wir brauchen: Er ist heilig, an ihm ist nichts Verwerfliches, er hat keinen Fehler. Er ist ganz anders als wir sündigen Menschen und wurde über alle Himmel erhoben. Er muss nicht wie die Obersten Priester vor ihm täglich*

*zuerst für die eigenen Sünden und dann für die des Volkes opfern. Er sühnte die Sünden aller ein für alle Mal, als er sich selbst zum Opfer brachte. ... Wir haben einen Obersten Priester, der Platz genommen hat zur rechten Seite Gottes auf dem Thron der göttlichen Majestät im Himmel. Dort versieht er den priesterlichen Dienst im himmlischen Allerheiligsten, in dem einzig wahren Heiligen Zelt, das von Gott und nicht von einem Menschen errichtet worden ist."*
Hebräer 7,26–27; 8,1–2

Die von Menschenhand gemachte Version der Stiftshütte und des Tempels, wie sie in 2. Mose 36–40 und 2. Chronik 3–5 und dann wieder in Hebräer 9 beschrieben ist, hatte zwei heilige Räume, die durch einen etwa neun Meter hohen Vorhang voneinander getrennt waren. Dieser Vorhang stellt symbolisch dar, wie die Sünde die Menschen von Gott trennt. In dem Augenblick als Jesus am Kreuz starb, heißt es in den Evangelien von Matthäus, Markus und Lukas erstaunlicherweise: „Da zerriss der Vorhang vor dem Allerheiligsten im Tempel von oben bis unten" (Matthäus 27,51; vergleiche auch Markus 15,38 und Lukas 23,45). So ein spektakuläres Ereignis konnte nur durch die Hand Gottes bewirkt worden sein. Es zeigt auf dramatische Weise, dass wir aufgrund dessen, was Jesus getan hat, jetzt Zugang zu Gottes Gegenwart haben.

Wie im Hebräerbrief beschrieben, sind die Stiftshütte und der Tempel Abbilder vom Himmel hier auf der Erde. Als Jesus starb, betrat er das Allerheiligste im Himmel – die ewige Gegenwart Gottes – und schenkte uns mit seinem eigenen Blut die Vergebung der Sünden – und zwar nicht nur für ein

Jahr, wie es die Priester im Alten Testament taten, sondern für immer.

Für diejenigen, die glauben, der Himmel sei ein endloser Gottesdienst, könnte es noch eine Überraschung geben. In der himmlischen Stadt gibt es keine Kirche und keinen Tempel. Aber auf eine bestimmte Art ist die Kirche – nicht das Gebäude, sondern die Menschen – das neue Jerusalem, die Stadt Gottes, der Ort, an dem Gott für alle Ewigkeit wohnen wird.

Der Apostel Paulus benutzt dieses Bild vom Himmel als einer Stadt in seinem Brief an die nicht jüdischen Epheser. Die Vorzüge des Bürgerrechtes waren ihm ganz besonders bewusst, denn er war sowohl Jude als auch römischer Staatsbürger. Er schrieb:

> *„... ihr [wart] zu jener Zeit ohne Christus ..., ausgeschlossen vom Bürgerrecht Israels und Fremde außerhalb des Bundes der Verheißung; daher hattet ihr keine Hoffnung und wart ohne Gott in der Welt. Jetzt aber in Christus Jesus seid ihr, die ihr einst Ferne wart, Nahe geworden durch das Blut Christi. ... So seid ihr nun nicht mehr Gäste und Fremdlinge, sondern Mitbürger der Heiligen und Gottes Hausgenossen, erbaut auf den Grund der Apostel und Propheten, da Jesus Christus der Eckstein ist, auf welchem der ganze Bau ineinander gefügt wächst zu einem heiligen Tempel in dem Herrn. Durch ihn werdet auch ihr mit erbaut zu einer Wohnung Gottes im Geist."*
> Epheser 2,12–13 und 19–22 (LU)

Genau wie die Gläubigen in Ephesus, so sind alle Christen Bürger des Himmels und werden zur ewigen Wohnung Gottes erbaut. Die himmlische Stadt ist vollkommen, unbeschreiblich schön und hat Platz für alle Menschen aus allen Völkern. Die Kirchenbauer der östlichen orthodoxen Kirche haben versucht, Gotteshäuser zu bauen, die an den reichlich mit Gold überzogenen Tempel im Alten Testament erinnern. In manchen Kirchen werden die Farben Gold, Lila, Rot, Weiß und Blau verwendet, um an die Farben des Vorhangs im Tempel zu erinnern. Sie stehen für die Königswürde, das Opfer, die Menschheit und den Himmel. Aber die himmlische Stadt, die in der Bibel beschrieben ist, wird nicht für ihre großartigen Gebäude oder schönen Farben bekannt sein. Es ist eine Stadt der Feste. Feststimmung und fröhliches Miteinander werden sie kennzeichnen. Es wird nicht wie ein ewiger Gottesdienst sein, sondern wie ein großes Straßenfest in einer Stadt mit goldenen Straßen und ohne Leid und Trauer. Wer sich früher als Fremdling oder Ausländer gefühlt hat, gehört dann dazu. Dieser unglaubliche Ort ist so beeindruckend wie ein Thronsaal und so intim wie eine Hochzeitssuite. Kein Wunder, dass John Bunyan schrieb: „Ich wünschte mir, ich wäre unter ihnen“, als er sich die Pilger vorstellte, die in der himmlischen Stadt ankamen.

> Alle Christen sind Bürger des Himmels.

# 5.

# WIE EINE KRÖNUNGS-FEIER ODER KÖNIGS-HOCHZEIT?

5

## Wie eine Krönungsfeier oder Königshochzeit?

*„Nun sah ich in meinem Traum,*
*dass jene beiden Männer durch das Tor eintraten;*
*Und siehe, als sie eintraten,*
*da wurden sie verwandelt;*
*und ihnen wurden Kleider angelegt,*
*die strahlten wie aus Gold …*
*Dann hörte ich in meinem Traum,*
*wie alle Glocken der Stadt freudig läuteten;*
*und wie ihnen gesagt wurde:*
*‚Geh hinein zu deines Herrn Freude!'"*
John Bunyan[1]

Wie wird der Himmel sein? Krönungsfeiern und Hochzeiten bieten einige Einblicke. Englands Monarchie und ihre vielen Traditionen sind auf die Bibel gegründet. Die Zeremonien und Symbole, die die Herzen einer ganzen Nation höher schlagen lassen, sind voller christlicher Bilder und Prinzipien und sind deshalb sehr geeignet, um sich vorzustellen, wie der Himmel sein wird.

Als die Königin am 2. Juni 1953 gekrönt wurde, kam sie in einer tiefroten Robe in die Westminster Abbey, symbolisch für das Opfer Christi. Als sie gesalbt wurde, trug sie eine einfache, weiße Robe aus Leinen, um zu verdeutlichen, dass ihre Herrschaft eine Gabe Gottes ist und kein verdientes oder ererbtes Recht, und als sie die Westminster Abbey verließ, trug sie eine lila Robe, als Symbol für ihre Königswürde. Die Farben, Kronen und Schwerter, die bei der Zeremonie verwendet wurden, sind lauter christliche Symbole. Trompeten, Hymnen und der

Jubel der Menge, die den Beginn der neuen Herrschaft begrüßt, gehören alle zur Zeremonie und sind ein Abglanz dessen, was uns, so der Apostel Johannes, im Himmel erwartet. Wenn bei einer Krönung in der Westminster Abbey Menschen der unterschiedlichsten Rassen, Nationen und Sprachen zusammenkommen, so hat dieses Ereignis etwas von den Szenen, die Johannes in der Offenbarung beschreibt, wo es heißt, dass Menschen aller Rassen vor Gottes Thron stehen werden. Die Mischung aus Staunen und freudiger Erregung ist nur ein schwacher Abglanz dessen, was Gottes Kinder erwartet, wenn sich der Himmel offenbart.

Können Sie sich vorstellen wie es ist, mitten in solch einer Zeremonie zu sein? Die Bibel spricht davon, dass alle Kinder Gottes eine Krone bekommen: eine Krone als Schmuck statt Asche (Jesaja 61,3), eine unvergängliche Krone (1. Korinther 9,25), eine Krone der Gerechtigkeit (2. Timotheus 4,8), die Krone des Lebens (Jakobus 1,12, Offenbarung 2,10) und eine unvergängliche Krone der Herrlichkeit (1. Petrus 5,4). Aber in der Bibel wird der Eindruck vermittelt, dass denen, die mit Jesus leben, diese Kronen schon zu Lebzeiten verliehen werden. Ich glaube, dass ich die „Krone des Lebens“ schon bekommen habe – ein Leben, das jetzt anfängt und die ganze Ewigkeit andauert. Vielleicht war es das, was Jesus meinte, als er auf die Frage der Pharisäer, wann das Reich Gottes käme, antwortete: „Schon jetzt, mitten unter euch, richtet Gott seine Herrschaft auf“ (Lukas 17,21).

Ein Teil des Himmels beginnt, sobald ein Mensch Christ wird. Aber die Bibel deutet auch an, dass es noch mehr geben wird: nicht nur eine Krönung, sondern eine Hochzeit. Johannes' Vision drehte sich nicht hauptsächlich darum, was die Gläubigen bekommen werden, sondern um Jesus, seine Herrlichkeit und seine Braut. In der Offenbarung schreibt Johannes von einer laut rufenden, großen Menschenmenge, welche die bevorstehende Hochzeit von Christus und der Gemeinde ankündigt:

> *„Halleluja – Preist den Herrn! Der Herr hat nun die Herrschaft angetreten, er, unser Gott, der Herrscher der ganzen Welt! Wir wollen uns freuen und jubeln und ihm die Ehre geben! Der Hochzeitstag des Lammes ist gekommen; seine Braut hat sich bereitgemacht. Ihr wurde ein herrliches Kleid gegeben aus reinem, leuchtendem Leinen!“*
> Offenbarung 19,6–8

Johannes beschreibt auch den Hochzeitszug, den er in seiner Vision gesehen hat. Die „Heilige Stadt“ – auch als der Leib Christi, die Gemeinde, dargestellt – wird als „festlich geschmückt wie eine Braut für ihren Bräutigam“ beschrieben. Während sie vom Himmel herabkommt, hört Johannes eine laute Stimme, die die neue Einheit zwischen Gott und den Menschen verkündet: „Dies ist die Wohnstätte Gottes bei den Menschen! Er wird bei ihnen wohnen“ (Offenbarung 21,3).

Können Sie sich vorstellen, mitten in solch einer Zeremonie zu sein?

Hochzeiten waren in den Gleichnissen Jesu ein immer wiederkehrendes Thema, wenn er über das Reich des Himmels lehrte. Das erste Wunder hat Jesus auf einer Hochzeit vollbracht. Wenn in seinen Gedanken ein Zusammenhang zwischen Hochzeiten und dem Himmel bestand – was in seinen

Gleichnissen eindeutig der Fall war – dann können wir davon ausgehen, dass der Himmel wie das Beste ist, das man bis zum Schluss aufhebt, wie der Wein bei der Hochzeit in Kana.

Auf der Internetseite einer Kirchengemeinde habe ich einmal eine seltsame Geschichte von einer jungen Frau gelesen, die dieses Prinzip, dass das Beste zum Schluss kommt, begriffen hatte. Bei ihr wurde eine unheilbare Krankheit festgestellt, und sie hatte nur noch drei Monate zu leben. Daraufhin rief sie ihren Pfarrer an und lud ihn zu sich nach Hause ein, um ihren letzten Willen mit ihm zu besprechen. Als der Pfarrer gehen wollte, fiel der jungen Frau plötzlich noch etwas ganz Wichtiges ein: „Da ist noch eine Sache!", sagte sie aufgeregt. „Ich will mit einer Gabel in der Hand beerdigt werden."

Der Pfarrer stand da, sah die junge Frau an und wusste nicht recht, was er sagen sollte.

Da erklärte sie ihm: „Bei all den gemeinsamen Mahlzeiten in der Gemeinde in den vergangenen Jahren erinnere ich mich an eines noch ganz genau: Wenn das Geschirr vom Hauptgang vom Tisch geräumt wurde, hat sich immer jemand zu mir herübergelehnt und gesagt: ‚Behalten Sie Ihre Gabel noch.' Diesen Augenblick fand ich am allerschönsten, denn dann wusste ich: Das Beste kommt noch! Zum Beispiel Schokoladenkuchen oder Apfelstrudel. Irgendetwas Wunderbares, Gehaltvolles! Deshalb möchte ich, dass die Leute mich mit einer Gabel in der Hand im Sarg liegen sehen und sich fragen: ‚Was soll die Gabel?'

Dann möchte ich, dass Sie ihnen sagen: ‚Behaltet die Gabel ... denn das Beste kommt noch!'"

Wenn Jesus seine Hochzeitsgleichnisse erzählte, war die Hochzeitsfeier nur der Anfang einer Ehebeziehung. Das Beste stand noch bevor! Im Neuen Testament beschreibt der Apostel Paulus die Gemeinde als Braut Christi und nennt diese Beziehung ein „Geheimnis", das in Verbindung steht mit dem Geheimnis, dass Mann und Frau in der Ehe „ein Fleisch" werden (Epheser 5,25–32). Viele Christen waren sehr zurückhaltend bezüglich dieses Vergleichs des Himmels mit der Familie. Streitfragen um die Rollen der Geschlechter und die Lehre der katholischen Kirche von Maria als der „Mutter Gottes und Königin des Himmels" mögen die Ursache dafür gewesen sein, dass dieses Bild des Himmels als Familie in evangelischen Kirchen weitgehend ignoriert wurde. Aber wenn Paulus recht hat und die Ehe zwischen Mann und Frau tatsächlich ein Bild für die Beziehung zwischen Christus und der Gemeinde ist, können wir die Tatsache nicht ignorieren, dass die Hochzeit im Himmel der Beginn einer neuen, engen Beziehung zwischen Christus und der Gemeinde ist, in der Paulus' Bild von der Gemeinde als ein voll funktionstüchtiger Leib Gestalt annimmt.

In seiner Beschreibung der Liebe sagt Paulus: „Jetzt sehen wir nur ein unklares Bild wie in einem trüben Spiegel; dann aber schauen wir Gott von Angesicht. Jetzt kennen wir Gott nur unvollkommen; dann aber werden wir Gott völlig kennen, so wie er uns jetzt schon kennt" (1. Korinther 13,12). „Kennen" bedeutete für jemanden mit einem jüdischen Hintergrund, wie Paulus, eine kreative, vertraute Beziehung, ganz anders als das Kennen in unserer westlich-modernen, kopflastigen Kultur.

> ... dann aber schauen wir Gott von Angesicht ...

Ein anderer Abschnitt der Bibel, der von einer Hochzeit handelt und uns hilft, die Frage, wie der Himmel sein wird, zu beantworten, ist das Hohelied. Dieses nicht ganz jugendfreie Buch kann man als leidenschaftliches Liebeslied des Königs Salomo für seine Braut lesen. Aber es zeigt auch die Leidenschaft Jesu für seine Braut, die Gemeinde.

> *„Du hast mir das Herz genommen, meine Schwester, liebe Braut, du hast mir das Herz genommen mit einem einzigen Blick deiner Augen ... Wie schön ist deine Liebe, meine Schwester, liebe Braut! Deine Liebe ist lieblicher als Wein, und der Geruch deiner Salben übertrifft alle Gewürze."*
> Hohelied 4,9–10 (LU)

Es ist, als ob wir in der Vorbereitungszeit leben, während Christus und die Gemeinde miteinander verlobt sind. Die Hochzeitseinladungen sind geschrieben und der Heilige Geist und die Gemeinde arbeiten gemeinsam daran, diese Einladungen an alle Menschen zu verteilen. Anders ausgedrückt: „Weil ihr zu Christus gehört, seid auch ihr als Bausteine in diesen Tempel eingefügt, in dem Gott durch seinen Geist wohnt" (Epheser 2,22). Denken Sie daran, dass Jesus selbst diese Zeit der Vorbereitung beschrieben hat, als er seinen Jüngern sagte, er gehe, um einen Ort vorzubereiten, damit sie dann bei ihm sein könnten.

Aber eines Tages sind alle Vorbereitungen zu Ende. Die Bauphase wird abgeschlossen sein. Die Hochzeitsvorbereitungen werden abgeschlossen sein. Genau wie Braut und Bräutigam sich auf den Tag freuen, an dem ihre Liebe die Erfüllung findet und sie eins werden, hat auch Jesus sich auf den Tag gefreut, an dem alle seine Jünger mit ihm und seinem himmlischen Vater vereint sein werden. Jesus betete: „... damit sie eins sind, so wie du und ich. Ich lebe in ihnen und du lebst in mir“ (Johannes 17,22–23).

Im Hohelied antwortet die Braut ihrem Bräutigam: „Komm, mein Geliebter ...“, und genauso heißt es auch in der Offenbarung des Johannes:

> *„Der Geist und die Braut antworten: ‚Komm!‘ Wer dies hört, soll sagen: ‚Komm!‘ Wer durstig ist, soll kommen, und wer von dem Wasser des Lebens trinken will, wird es geschenkt bekommen.“*
> Offenbarung 22,17

6.

# WIE EIN SIEGES-ZUG?

6

# Wie ein Siegeszug?

*Meine Augen haben die Herrlichkeit*
*des Nahens des Herrn gesehen,*
*Er zerstampft die Weinlese,*
*wo die Früchte des Zorns gelagert sind,*
*Er hat den verhängnisvollen Blitz seines*
*schrecklichen, geschwinden Schwerts entfesselt:*
*Seine Wahrheit schreitet voran.*

Rühmt ihn, rühmt ihn, Halleluja!
Rühmt ihn, rühmt ihn, Halleluja!
Rühmt ihn, rühmt ihn, Halleluja!
Seine Wahrheit schreitet voran.

*Er hat in die Trompete gestoßen,*
*die nie zum Rückzug rufen wird,*
*Er siebt auf seinem Richterstuhl die Herzen*
*der Menschen aus:*
*Antworte ihm eifrig, meine Seele, jubiliert,*
*meine Füße;*
*Unser Gott schreitet voran.*

*Er kommt wie die Pracht des ersten Lichts*
*auf den Wellen,*
*Er ist Weisheit den Mächtigen und Ehre*
*den Tapferen;*
*So wird die Erde sein Schemel sein und*
*die Seelen der Ungerechten seine Diener;*
*Unser Gott schreitet voran.*
Julia Howe[1]

Diese bewegende Hymne schrieb Julia Howe 1861, während des Amerikanischen Bürgerkriegs, zur

Melodie von *John Brown's Body*. Sie wurde bei den Beerdigungen des britischen Premierministers Winston Churchill, des amerikanischen Senators Robert Kennedy und der amerikanischen Präsidenten Ronald Reagan und Richard Nixon gesungen. Die Hymne greift ein weiteres biblisches Bild für den Himmel auf. Hier ist der Himmel weder ein Garten noch eine Stadt noch eine Hochzeit, sondern ein Siegeszug – das Ende der letzten Schlacht und der Anfang von Jesu ewigem Friedensreich.

Im Alten Testament wird eine Schlacht nach der anderen beschrieben. Dabei hingen Sieg und Niederlage nicht davon ab, wer die stärkere Armee hatte, sondern ganz allein von Gott. Einmal sagte Gott zu Joschafats Armee: „Habt keine Angst! Erschreckt nicht vor der Übermacht! Dieser Kampf ist nicht eure, sondern meine Sache! ... Ihr selbst braucht nicht zu kämpfen; bleibt ruhig stehen und schaut zu, wie ich, der Herr, für euch den Sieg erringe" (2. Chronik 20,15+17). Sie gehorchten und der Feind wurde besiegt.

Dann merken wir, dass er uns immer noch liebt und uns vergibt.

Die Erfahrungen der Israeliten sind stellvertretend für die Erfahrungen, die jeder Mensch mit Gott macht: Wenn wir mit ihm zusammenarbeiten und ihm gehorchen, geht alles gut. Selbst in schwierigen Lebenssituationen haben wir die Gewissheit, dass Gott bei uns ist und seinen guten Plan für unser Leben verwirklicht. Dann werden wir selbstgefällig und gleichgültig. Gott erinnert uns an seine Anleitung für ein optimales Leben, und wir stehen vor einer Entscheidung: Entweder wir kehren zu unserer guten Beziehung mit Gott zurück oder wir ignorieren ihn und leben mit den Konsequenzen. Sogar dann, wenn wir uns gegen ihn auflehnen, benutzt Gott unsere Lebensumstände, um uns zu helfen, zu ihm zurückzukehren. Aber wir beachten ihn nicht und verursachen eine Menge Probleme in unserem Leben – bis wir schließlich, wie der verlorene Sohn, zur Vernunft kommen und reumütig zu unserem himmlischen Vater zurückkehren. Dann merken wir, dass er uns immer noch liebt und uns vergibt, dass er die ganze Zeit mit offenen Armen auf uns gewartet und sogar eine Willkommensparty organisiert hat.

Die Israeliten haben diesen Zyklus immer wieder durchlaufen. Daniel war ein Prophet und Traumdeuter, der während einer der Zeiten schrieb, in denen Israel „mit den Konsequenzen leben" musste. Die Israeliten waren gefangen genommen und ins Exil nach Babylon – dem heutigen Irak – verschleppt worden. Daniel sehnte sich danach, wieder nach Hause zu kommen. Seine Träume in Daniel 10–12 hatten eine unmittelbare zeitgenössische Bedeutung, handelten aber auch von der Heimkehr in ein ewiges Zuhause, nach jenem letzten großen Kampf, in dem Gott diesen „Rebellion – Buße – Umkehr zu Gott – Versöhnung"-Kreislauf endgültig beendet.

*„Viele, die in der Erde schlafen, werden erwachen, die einen zu ewigem Leben, die andern zu ewiger Schmach und Schande. Die Einsichtigen werden leuchten wie der taghelle Himmel, und alle, die anderen den rechten Weg gezeigt haben, werden glänzen wie die Sterne für ewige Zeiten."*
Daniel 12,2–3

Die Israeliten kämpften echte Schlachten, aber auch Alltagskämpfe, wie jeder von uns, um seelisch, geistig und körperlich zu überleben. Die ganze Bibel – das Alte und das Neue Testament – ist Gottes großer Rettungsplan, angefangen bei der ersten Rebellion der Menschen und deren Konsequenzen, über Gottes dramatisches persönliches Eingreifen durch Jesu Geburt, Tod und Auferstehung, bis hin zum letzten Kampf, zum Gericht und dem neuen Friedensreich. Jesus hatte diesen letzten Kampf, der alle Kriege beenden wird, vor Augen, als er zu seinen Jüngern sagte:

> *„Erschreckt nicht, wenn nah und fern Kriege ausbrechen! ... Ein Volk wird gegen das andere kämpfen, ein Staat den andern angreifen. In vielen Ländern wird es Hungersnöte und Erdbeben geben. Das alles ist ... der Beginn der Geburtswehen. ... Aber die Gute Nachricht, dass Gott schon angefangen hat, seine Herrschaft aufzurichten, wird in der ganzen Welt verkündet werden. ... Danach erst kommt das Ende."*
> Matthäus 24,6–8+14

Über das große Finale hat Jesus gesagt:

> *„Dann wird der Menschensohn für alle sichtbar am Himmel erscheinen. Dies ist das Zeichen, dass das Ende da ist. Die Völker der ganzen Welt werden jammern und klagen, wenn sie den Menschensohn auf den Wolken des Himmels mit göttlicher Macht und Herrlichkeit kommen sehen. Dann wird die Posaune ertönen und der Menschensohn wird seine Engel in alle Himmelsrichtungen ausschicken, damit sie von*

*überall her die Menschen zusammenbringen, die er erwählt hat."*
Matthäus 24,30–31

In diesem Buch über den Himmel werden wir uns nicht mit den diversen Auslegungen dieser letzten Tage befassen. Ich bin der Auffassung, dass das in Gottes Hand liegt, so ähnlich wie die letzten Tage einer Schwangerschaft und die Geburt. Als ich mein erstes Kind bekam, ging ich mit meinem Mann zu Kursen, um alles über die verschiedenen Geburtsmethoden zu lernen; was man fürs Krankenhaus einpacken muss; wie man die Schmerzen bei der Geburt am besten aushält; wie man einen Geburtsplan schreibt. Als es dann so weit war, hatten wir den ganzen Ablauf überhaupt nicht unter Kontrolle. Rachel war eine Notfall-Geburt mit Kaiserschnitt, und als wir eine Woche später wieder mit ihr zu Hause waren – ganz allein – wurde uns klar, dass wir versucht hatten, ein einmaliges Ereignis bis ins Detail zu planen. Wir hatten keinerlei Übung oder Erfahrung als Eltern, aber genau darum ging es bei der ganzen Sache: Es ging nicht nur um die Geburt, sondern um unser ganzes Leben. Überlassen wir es den Theologen, über die Endzeit zu diskutieren. In diesem Buch geht es um die Ewigkeit danach, nicht um die Geburtswehen.

Der Apostel Paulus wusste, dass das Leben als Christ ein Kampf ist. Er schrieb an die Epheser:

*„Legt die Waffen an, die Gott euch gibt ... Denn wir kämpfen nicht gegen Menschen. Wir kämpfen gegen unsichtbare Mächte und Gewalten, gegen die bösen Geister, die diese finstere Welt beherrschen."*
Epheser 6,11–12

Paulus war sich seines Ziels und der Dringlichkeit sehr bewusst und hat das Leben als Christ oft mit einem Wettkampf verglichen – ein Wettkampf, in dem es um einen ewigen Preis geht. An die Gemeinde in Philippi schrieb er:

> *„Ich möchte nichts anderes mehr kennen als Christus: Ich möchte die Kraft seiner Auferstehung erfahren, ich möchte sein Leiden mit ihm teilen. Mit ihm gleich geworden in seinem Tod, hoffe ich auch, zur Auferstehung der Toten zu gelangen.*
>
> *Ich meine nicht, dass ich schon vollkommen bin und das Ziel erreicht habe. Ich laufe aber auf das Ziel zu, um es zu ergreifen, nachdem Jesus Christus von mir Besitz ergriffen hat. ... Ich lasse alles hinter mir und sehe nur noch, was vor mir liegt. Ich halte geradewegs auf das Ziel zu, um den Siegespreis zu gewinnen. Dieser Preis ist das ewige Leben, zu dem Gott mich durch Jesus Christus berufen hat."*
>
> Philipper 3,10–14

Im Zusammenhang mit dem Himmel benutzte er den Vergleich mit dem Kampf noch einmal und schrieb an Timotheus: „Kämpfe den guten Kampf des Glaubens, damit du das ewige Leben gewinnst, zu dem Gott dich berufen hat" (1. Timotheus 6,12).

In vielen beliebten Romanen und Filmen geht es ebenfalls um das Thema Kampf: Tolkiens *Herr der Ringe* endet mit einer Schlacht, einem Siegeszug und einer Hochzeit; C. S. Lewis' *Der König von Narnia* endet mit einer Schlacht und einer Krönungsfeier und die *Chroniken von Narnia* insgesamt schließen mit *Der letzte Kampf.* Am Ende der Geschichte, als die Charaktere in den Himmel von Narnia kommen, bringt das Einhorn die Gefühle aller zum Ausdruck, als es sagt: „Nun bin ich doch noch nach Hause gekommen! Das ist meine wahre Heimat. Hierher gehöre ich. Nach diesem Land habe ich mich mein ganzes Leben lang gesehnt. Aber das wusste ich bis jetzt nicht ...“[2]

Paulus hat das Leben als Christ oft mit einem Wettkampf verglichen.

Uns ist nicht immer bewusst, woher unsere Ziele und unsere Motivation im Leben wirklich kommen. Wir denken, wir sehnen uns nach dem perfekten Urlaub, dem perfekten Job, der vollkommenen Beziehung, und dabei ist das alles nur ein Abglanz der Schönheit, der Zufriedenheit und Nähe, nach der wir uns eigentlich sehnen und die wir erst im Himmel finden werden.

Im Patriotismus klingt etwas von dieser Sehnsucht an, die Männer und Frauen bereit macht, für ihr Land zu sterben.

In *Braveheart*, jener bewegenden, aber frei erfundenen Version schottischer Geschichte, versammelt William Wallace die zögernden schottischen Truppen, um angesichts einer scheinbar unschlagbaren englischen Armee für die Freiheit zu kämpfen. Im Britischen Kriegsmuseum sind Schützengräben aus dem Ersten Weltkrieg nachgebaut. Sie erinnern daran, dass Männer auch im wirklichen Leben bereit waren, alles zu riskieren, um für Englands Freiheit zu kämpfen. Männer und Frauen sind bereit, für ihre Sehnsucht nach einem Abglanz des Himmels zu kämpfen und zu sterben – besonders wenn sie glauben, dass mit dem Tod nicht alles vorbei ist. Vielleicht gibt es einen Zusammenhang zwischen dem Niedergang des Patriotismus im zwanzigsten Jahrhundert und dem Aufschwung seines hässlichen Gegenstücks, des Nationalismus, auf der einen Seite und dem Verlust jener ewigen Gewissheit auf der anderen Seite. Denn mit dem Verlust einer ewigen Hoffnung geht ein Anstieg humanistischer Bemühungen einher: Man versucht, das Beste aus dem Hier und Jetzt zu machen, weil man denkt, dass danach nichts mehr kommt.

Der Himmel verheißt das Ende aller Kämpfe: das Ende blutiger Kriege, aber auch der alltäglichen Kämpfe gegen widrige Umstände, Ängste oder einfach nur unsere eigene Schwachheit. Die Hoffnung auf den Himmel ist es wert, dafür zu sterben, und viele Christen starben als Märtyrer und werden auch heute noch getötet, weil sie sich weigern, ihren Glauben an Christus zu verleugnen.

Nach allen Kämpfen des Lebens verspricht uns der Himmel einen Siegeszug jenseits unserer Vorstellungskraft, mit dem der Sieg über den Tod und der Beginn der ewigen gerechten Friedensherrschaft Jesu gefeiert werden.

Was haben wir also darüber gelernt, wie der Himmel sein wird? Er ist wie ein Garten, eine Stadt, eine Königshochzeit und ein Siegeszug: lauter verschiedene Bilder für den Himmel, den Ort, den Jesus als das Haus seines Vaters bezeichnete, wo es „viele Wohnungen" gibt.

Er sagte seinen Jüngern: „Ich gehe jetzt hin, um dort einen Platz für euch bereitzumachen" (Johannes 14,2). Wie wird das sein? Den biblischen Bildern für den Himmel nach zu urteilen, können diejenigen, die mit Jesus leben, davon ausgehen, dass es ein Ort ist, an dem alle unsere Bedürfnisse durch Gottes überreiche Fürsorge gestillt werden. Wir werden satt sein – ja, sogar ein Festmahl feiern –

und sicher wohnen, und zwar in einem üppigen Palast und nicht in einer armen Hütte. Wir werden bei Jesus sein und Gott von Angesicht zu Angesicht sehen – ohne uns zu schämen, denn wir werden „Kleider der Gerechtigkeit“ tragen. Wir werden keine Ängste mehr haben, und unsere Sehnsucht nach Vertrautheit – Gott zu kennen und von ihm gekannt zu werden – wird gestillt.

Wird es im Himmel langweilig sein?

Aber ... was werden wir dort tun? Wird es im Himmel langweilig sein?

In *City of Gold* schreibt Adrian Plass von einer Diskussion über den Himmel, die er einmal geführt hat.

> *„Das Wesen all der schönen Dinge dieser Welt ist sicher dort, denn sie sind ein Teil von ihm und auch ein Teil von uns. Ich glaube, alles was hier unten gut, unschuldig und schön ist, wird es in irgendeiner Form auch dort oben geben.“*

Dann beschreibt Plass weiter:

> *„... und dann war da einer – nennen wir ihn mal Jim – der noch gar nichts gesagt hatte. Jim liebte Jesus von Herzen, aber seine Ausdrucksweise bestand in diesen Dingen aus einer eher abstrakten und ziemlich fantasielosen Bibel-Sprache. Er lauschte unserer Diskussion mit einem leicht skeptischen Lächeln.*
>
> *‚Was für eine Vorstellung‘, sagte jemand anderes, ‚dass wir das, was wir uns immer am meisten gewünscht haben und nie haben konnten, dort*

*vielleicht haben dürfen.' Ich wollte gerade etwas erwidern, als ich bemerkte, dass das Lächeln aus Jims Gesicht verschwunden war. An seine Stelle war ein Ausdruck tiefer Sehnsucht getreten. Ich hatte selten jemanden gesehen, dessen tiefste Gefühle so deutlich in seinem Gesicht geschrieben standen wie in diesem Augenblick in Jims ... ‚Jetzt wüsste ich zu gerne, was du denkst, Jim', sagte ich.*

*‚Oh!' Er zuckte zusammen. ‚Ich musste nur gerade daran denken, wie sehr ich mir schon immer ...' Der abwesende Ausdruck trat wieder in seine Augen. ‚Ich dachte nur gerade, dass es absolut großartig wäre, wenn ich meine eigene Drechselbank haben könnte ...'*

*Irgendwo im Himmel wurde das festgehalten."*[3]

Wenn der Himmel wie der Garten Eden ist, werden wir dort in unserer Arbeit Erfüllung finden. Wenn wir den Vergleich mit der Stadt hinzuziehen, so besagt das Gleichnis vom anvertrauten Geld (Matthäus 25,14–30), dass denen, die sich „in kleinen Dingen als zuverlässig" erweisen auch „Größeres" anvertraut wird. Als er von der Herrlichkeit der Ewigkeit schrieb, erzählte Paulus Timotheus: „[Wir] werden ... auch mit ihm herrschen" (2. Timotheus 2,12). Was genau das bedeutet, können wir nur erahnen, aber es klingt auf jeden Fall nicht langweilig. Diejenigen, die in einer langen Ehe erlebt haben, wie die Liebe immer tiefer und reifer wird, können sich vielleicht ansatzweise vorstellen, was es heißt, zu „begreifen, welches die Breite und die Länge und die Höhe und die Tiefe ist, auch die Liebe Christi [zu] erkennen, die alle Erkenntnis übertrifft" (Epheser 3,18–19 LU). Und wenn der Himmel mit einem Siegeszug beginnt, dann werden wir dort vielleicht endlich die wahre Freiheit und den wahren Frieden genießen, für den wir gekämpft haben.

### Stadt aus Gold

*Schon bald hat alles Leid ein Ende,*
*durch der Gnade güt'ge Hand;*
*wo du dann stehst und schauest*
*ist die Schwelle zum neuen Land.*

*Der Vater kommt, holt uns nach Hause,*
*erwartet uns voll Liebe schon.*
*Die Zeit des Wartens ist vorüber;*
*anbetend knien wir vor dem Thron.*

*Wir sehn uns in der Stadt aus Gold,*
*dem neuen Jerusalem.*
*Aller Schmerz und alle Tränen sind vorbei.*
*Mit dem Himmelsheer wir stehen,*
*rufen: „Heilig ist das Lamm!“*
*Und anbetend stehn wir vor dir alle Zeit.*

*Finstere Mächte niemals wieder,*
*auch nicht Leben oder Tod,*
*können uns von Gottes Liebe*
*trennen oder führen von ihm fort.*[4]

# 7.

# WER KOMMT IN DEN HIMMEL?

7

# Wer kommt in den Himmel?

*„Danach sah ich eine große Menge Menschen, so viele, dass niemand sie zählen konnte. Es waren Menschen aus allen Nationen, Stämmen, Völkern und Sprachen. Sie standen in weißen Kleidern vor dem Thron und dem Lamm und hielten Palmzweige in den Händen. Mit lauter Stimme riefen sie: ‚Der Sieg gehört unserem Gott, der auf dem Thron sitzt, und dem Lamm!'"*
Offenbarung 7,9–10

Haben Sie schon einmal den Himmel auf Erden erlebt? Alles ist einfach perfekt; alle Puzzleteile liegen am richtigen Fleck und wir erkennen das Gesamtbild. Oder das Orchester ist mit dem Stimmen der Instrumente fertig, alle spielen gemeinsam einen harmonischen Klang, und Sie wissen: „Genau dafür sind sie gemacht." Als Olympiasieger Eric Liddell einmal sagte: „Wenn ich laufe, spüre ich Seine Freude", beschrieb er dieses Gefühl des Himmels auf Erden. Werbefachleute, die ein teures Parfüm oder eine exotische Urlaubsreise verkaufen wollen, geben sich alle Mühe, dieses Gefühl des Himmels auf Erden nachzuahmen. Sogar eine aufregende Liebesnacht ist nur ein Abglanz dieser letztendlichen Erfahrung. Diese Momente, in denen der Himmel offen zu stehen scheint, sind nur ein Widerhall, „Nachrichten aus einem Land, in dem wir noch nie waren"[1], wie C. S. Lewis schreibt.

Ein solches Erlebnis des Himmels auf Erden, das ich einmal hatte, vermittelt uns eine Ahnung davon, wer in den Himmel kommt. Am Ende einer internationalen christlichen Medienkonferenz hatten wir eine gemeinsame Anbetungszeit. Christliche Journalisten und Leute aus Rundfunk und Fernsehen aus aller Welt hatten sich versammelt, um Gott gemeinsam zu loben – jeder in seiner eigenen Sprache. Als wir John Newtons bekanntes *Amazing Grace* sangen, war es wie der Himmel auf Erden, und als ob wir Teil dieser großen Menge Menschen aus allen Nationen, Stämmen, Völkern und Sprachen wären, die im Himmel vor Gottes Thron stehen.

Die allgemeine Antwort auf die Frage, wer in den Himmel kommt, ist, dass Gott verheißen hat, dass jede Nation, jeder Stamm, jedes Volk und jede Sprache im Himmel vertreten sein wird. Als Jesus zu seinen Jüngern über die Endzeit sprach, sagte er: „Aber die Gute Nachricht, dass Gott schon angefangen hat, seine Herrschaft aufzurichten, wird in der ganzen Welt verkündet werden. Alle Völker sollen sie hören. Danach erst kommt das Ende“ (Matthäus 24,14). Keine Volksgruppe hat bevorzugten Eintritt. Niemand wird wegen seines Geschlechts, seiner Hautfarbe oder Staatsangehörigkeit benachteiligt. Es stimmt zwar, dass es im Alten Testament darum geht, wie Gott an seinem „erwählten Volk“, den Juden, gehandelt hat und dass Jesus deutlich gesagt hat, dass er zuerst „zum Volk Israel, dieser Herde von verlorenen Schafen“ geschickt wurde (Matthäus 15,24). Aber Jesus zeigt mit seinen Gleichnissen, dass die Einladungen breit gestreut sind:

Es war wie der Himmel auf Erden.

*„Darauf erzählte ihnen Jesus noch ein weiteres Gleichnis: ‚Gott hat angefangen, seine Herrschaft aufzurichten, und er handelt wie jener König, der*

*seinem Sohn die Hochzeit ausrichtete: Er schickte seine Diener aus, um die geladenen Gäste zum Fest zu bitten; aber sie wollten nicht kommen. ...*
*Dann sagte er zu seinen Dienern: Die Vorbereitungen zum Fest sind getroffen, aber die geladenen Gäste waren es nicht wert, daran teilzunehmen. Geht jetzt hinaus auf die Landstraßen und ladet alle zur Hochzeit ein, die euch begegnen! Die Diener gingen hinaus auf die Straßen und brachten alle mit, die sie fanden – schlechte und gute Leute. So wurde der Hochzeitssaal voll.'"*
Matthäus 22,1–3 u. 8–10

Wenn Sie jetzt überrascht sind, dass „schlechte und gute Leute" zu diesem himmlischen Festessen eingeladen sind, denken Sie daran, dass der Eintritt in den Himmel nicht von unserer Qualifikation oder unseren guten Taten abhängt, sondern ganz allein davon, was Jesus für uns am Kreuz getan hat und von unserer Beziehung zu Gott.

Im selben Gleichnis erzählt Jesus von einem Hochzeitsgast, der nicht das Hochzeitsgewand trug, das der königliche Gastgeber bereitgestellt hatte.

*„Als nun der König kam, um sich die Gäste anzusehen, entdeckte er einen, der nicht hochzeitlich gekleidet war. Er sprach ihn an: Wie bist denn du hier hereingekommen? Du bist ja gar nicht hochzeitlich angezogen. Der Mann hatte keine Entschuldigung. Da befahl der König seinen Dienern: Bindet ihm Hände und Füße und werft ihn hinaus in die Finsternis! Dort gibt es nur noch Jammern und Zähneknirschen. ‚Denn viele sind berufen', schloss Jesus, ‚aber nur wenige von ihnen sind erwählt.'"*
Matthäus 22,11–14

Diese lebenswichtigen himmlischen Hochzeitsgewänder sind die Designer-Kleidungsstücke, die Gott für uns bereithält und über die der Prophet Jesaja schrieb:

> *„Er hat mir die Kleider des Heils angezogen und mich mit dem Mantel der Gerechtigkeit gekleidet, wie einen Bräutigam mit priesterlichem Kopfschmuck geziert und wie eine Braut, die in ihrem Geschmeide prangt."*
> Jesaja 61,10 (LU)

Gott hat schon Designer-Kleidung entworfen, seit er für Adam und Eva Kleidung aus Tierfellen gemacht hat, nachdem sie ihm ungehorsam gewesen waren. Sie waren nackt und schämten sich deshalb zum ersten Mal in ihrem Leben. Zum ersten Mal wurde das Blut eines Tieres vergossen, um die Sünde der Menschen zu bedecken. Diese Blutopfer wurden fortgeführt, bis Jesus mit seinem Opfer allen Opfern ein Ende setzte. Sogar heute noch beschmutzen unser Ungehorsam und unsere Selbstsucht alles, was wir tun; selbst unsere guten Taten sind wie schmutzige Kleider, sagt Jesaja. Aber Jesus hat sich selbst geopfert und damit den Preis für die Designer-Hochzeitskleider bezahlt, die alle unsere guten und bösen Taten bedecken. Das meinen Christen mit dem Satz: „Jesu Blut bedeckt meine Sünde".

Jesus freute sich auf dieses riesige internationale Treffen im Himmel. Auf der Gästeliste stehen alle. Der Himmel ist für diejenigen offen, die die Einladung annehmen und die Hochzeitskleider anziehen.

Aber steckt da nicht noch mehr dahinter? Wir wollen doch alle mehr wissen als so eine allgemeine

Antwort auf die Frage, wer in den Himmel kommt. Wir hätten gerne eine persönliche Bestätigung, wie der reiche junge Mann, der Jesus fragte: „Lehrer, was muss ich Gutes tun, um das ewige Leben zu bekommen?" (Matthäus 19,16). Jesus hat seine Frage nicht direkt beantwortet, sondern zuerst einmal näher definiert, was „gut" ist. Jesus wusste, dass wir alle denken, wir müssten gut genug sein, um in den Himmel zu kommen. Der junge Mann, der die Frage gestellt hatte, schien jedenfalls dafür qualifiziert zu sein, wenn *Gutes tun gut genug ist*, um in den Himmel zu kommen. Er sagte, er habe Gottes Gebote alle gehalten, schon seit seiner Jugend: „Du sollst nicht morden, nicht die Ehe brechen, nicht stehlen, nichts Unwahres über deinen Mitmenschen sagen; ehre deinen Vater und deine Mutter, und liebe deinen Mitmenschen wie dich selbst!" (Verse 18–19). Aber Jesus wusste, dass das Herz des jungen Mannes in seinem Reichtum gefangen war. Das Geld war sein Rettungsanker geworden, und deshalb sagte Jesus: „Wenn du in der Liebe zu deinen Mitmenschen vollkommen und ungeteilt sein willst, dann geh, verkaufe alles, was du besitzt, und gib das Geld den Armen, so wirst du bei Gott einen unverlierbaren Besitz haben. Und dann komm und folge mir!" (Vers 21).

Das Geld war sein Rettungsanker geworden.

Die perfekte Einhaltung aller Regeln und seine guten Taten hatten diesen jungen Mann nicht befähigt, in den Himmel zu kommen. Aber verstehen Sie Jesus hier nicht falsch – er wollte hier keine Armutskampagne starten. Der junge Mann war wahrscheinlich schon ein guter, mitfühlender und großzügiger Mensch. Aber Jesus wusste, dass der Mann nicht in den Himmel kommen konnte, indem er sich auf die Einhaltung der Regeln, Geld und ausgezeichnete Empfehlungen verließ. Um in den Himmel zu kommen, musste er sich vollkommen Gottes Fürsorge hingeben, anstatt sich auf seine eigenen Möglichkeiten zu verlassen.

Es gab noch einen anderen Experten im Regeln halten, einen der religiösen Führer namens Nikodemus, der von Jesus eine Antwort auf die Frage, wer in den Himmel kommt, bekam. Es ist einer der bekanntesten Bibelverse im Neuen Testament: „Gott hat die Menschen so sehr geliebt, dass er seinen einzigen Sohn hergab. Nun werden alle, die sich auf den Sohn Gottes verlassen, nicht zugrunde gehen, sondern ewig leben" (Johannes 3,16). Die Antwort ist also ganz einfach: Alle, die sich auf den Sohn Gottes verlassen.

Jesus dehnte die Einladung in den Himmel auf alle Menschen aus. Aber in eben jener mitternächtlichen Unterhaltung mit Nikodemus fügte er auch noch eine Bedingung hinzu: „Nur wer von oben her geboren wird, kann Gottes neue Welt zu sehen bekommen. ... Nur wer von Wasser und Geist geboren wird, kann in Gottes neue Welt hineinkommen. ... Ihr müsst alle von oben her geboren werden" (Verse 3.5.7).

Nikodemus gehörte zu einer besonders religiösen Gruppierung, die sich Pharisäer nannte. Jesus hatte eine ganz wichtige Botschaft für ihn und für alle, die stolz darauf sind, besonders religiös zu sein: Die Regeln einzuhalten ist nicht der Weg in den Himmel – vielmehr geht es um Beziehungen, darum, in Gottes Familie hineingeboren zu sein. „Von oben geboren" zu sein ist nicht irgendein neuer Slogan, sondern Gottes Idee.

Wenn wir die Frage, wer in den Himmel kommt, also etwas präziser beantworten wollen, muss es heißen: Menschen aus jedem Volk und jeder Nation; Menschen, die die Designer-Hochzeitskleider anhaben, die Jesus uns gibt ... nicht die Gute-Taten-Menschen und Regel-Einhalter, sondern diejenigen, die in Gottes Familie hineingeboren sind.

Der Apostel Paulus erklärt, dass zu Gottes Familie zu gehören heißt, dass Gottes Heiliger Geist in uns lebt und uns einen Vorgeschmack auf den Himmel gibt. Der Heilige Geist ist eine „Anzahlung auf das ewige Leben" (2. Korinther 5,5) – wie ein Verlobungsring vor der Hochzeit, nur noch mehr, denn der Heilige Geist wartet nicht einfach nur passiv ab, bis die Menschen in den Himmel kommen. Der Heilige Geist ist schon am Werk in Christen und verändert sie, sodass sie Jesus immer ähnlicher werden. Das ist die unerklärliche, übernatürliche Seite der himmlischen Staatsbürgerschaft.

Wie können wir verstehen, was Gott tut? Gibt es irgendwo in der Schöpfung oder in der Bibel Muster, die uns helfen, das zu verstehen? Im Frühjahr sammle ich gern Froschlaich und schaue dann zu, wie aus den Gallert-Kügelchen mit dem schwarzen Punkt in der Mitte Frösche werden. Es ist erstaunlich, zuzusehen, wie aus Laich erst Kaulquappen mit Kiemen und dann Frösche mit Beinen werden. Leider sind meine Frösche dieses Jahr ertrunken. Wenn die Lungen der Frösche erst einmal voll entwickelt sind und ihre Kiemen nicht mehr arbeiten, müssen sie an die Wasseroberfläche, um zu atmen. Ich hatte einen großen Stein in das Becken gelegt, damit sie herausklettern können. Aber sie haben es nicht geschafft. Sie waren dazu geschaffen, an Land zu leben und zu atmen, aber irgendwie haben sie den Übergang nicht geschafft. Sie lebten und starben, ohne jemals zu erfahren, wie es ist, frische Luft zu atmen, Fliegen zu fangen oder mit ihren langen Hinterbeinen zu springen.

Auf eine gewisse Art ist das menschliche Leben ganz ähnlich. Gott hat die Ewigkeit in unsere Herzen gelegt – diese himmlische DNA. Jesus ermöglicht es uns, den Übergang von der Erde in den Himmel zu schaffen – aber manche Menschen leben und sterben, ohne jemals zu erfahren, wozu sie geschaffen waren.

Gott schaut nicht aus der Ferne passiv zu, ob wir es schaffen oder nicht. In Lukas 15 beschreibt der Evangelist mit drei lebhaften Vergleichen, wie sehr Gott sich bemüht, Menschen zu retten. Ein Hirte mit hundert Schafen verliert eines davon, und so lässt er die neunundneunzig zurück, um nach dem einen verlorenen zu suchen. Als er es findet und nach Hause bringt, lädt er alle Nachbarn und Freunde ein, um mit ihm zu feiern. Eine Frau, die zehn Silbermünzen hat – im Nahen Osten eine kostbare Mitgift – verliert eine davon. Also stellt sie das ganze Haus auf den Kopf, um nach der Münze zu suchen, und als sie sie gefunden hat, feiert sie mit ihren Freundinnen. Und dann ist da noch der Vater, dessen Sohn sein Erbteil fordert, von zu Hause weggeht, dann aber das Geld verschleudert und in bitterer Armut endet. Als der Sohn reumütig nach Hause zurückkehrt, entdeckt er, dass sein Vater schon mit offenen Armen auf ihn wartet – und wieder gibt es ein Fest, weil der, der verloren war, gefunden wurde.

Gott hat die Ewigkeit in unsere Herzen gelegt – diese himmlische DNA.

Manche Vergleiche mit dem Himmel drehen sich auch um die Freude, Jesus gefunden zu haben: zum Beispiel das Gleichnis von dem Mann, der eine kostbare Perle gefunden hatte und alles verkaufte, um diese Perle zu bekommen; oder das Gleichnis von einem Mann, der in einem Acker einen vergrabenen Schatz gefunden hatte und alles verkaufte, was er hatte, um diesen Acker zu kaufen. Diese Gleichnisse zeigen, wie wir reagieren könnten, wenn wir das unglaubliche Geschenk des Lebens entdecken, das Jesus uns macht. Aber die Gleichnisse vom Hirten mit dem gefundenen Schaf, der Frau mit der Münze und dem Vater, der mit offenen Armen auf seinen verlorenen Sohn wartet, zeigen, wie Jesus sich freut, weil *er uns* gefunden hat. Er bereitet ein Fest vor, um unsere Heimkehr zu feiern.

Der reiche junge Mann und Nikodemus waren gut im Regeln halten, und wie vielen von uns, hätte es ihnen wahrscheinlich gefallen, wenn Jesus ihnen einen Satz von Regeln genannt hätte, die sie befolgen müssen, um in den Himmel zu kommen. Es ist schon ironisch, dass Christen als altbackene Gutmenschen angesehen werden, die eine Reihe altmodischer Regeln einhalten müssen, wo Jesus sein Volk in Wirklichkeit vom Gesetz und von den Regeln befreit hat. Jesus – der, dem die Christen immer ähnlicher werden wollen – wurde von den religiösen Menschen seiner Zeit dafür gerügt, dass er zu viel mit Partymenschen zusammen war. Er brach die Regeln der religiösen Leute.

Regeln geben den Menschen ein Gefühl von Sicherheit, und Grenzen sind wichtig, aber Jesus fordert uns auf, *ihn* zu lieben, nicht die Regeln. Wenn wir ihn lieben und uns bemühen, ihm zu gefallen, dann wird unser Leben paradoxerweise genau Gottes Lebensregeln entsprechen. Schon der Psalmist schrieb: „Mir ist ein schöner Anteil zugefallen; was du mir zugemessen hast, gefällt mir gut" (Psalm 16,6).

Das Aufregende daran, wenn man verliebt ist, ist das Wissen, dass da jemand ist, der an einen denkt und einen in seine Zukunftspläne einschließt. In der Nähe unseres Hauses gibt es eine Straße, die wir Glyndebourne-Ecke nennen. Wir haben sie so genannt, als mein Mann, Adrian, und ich in dieser Phase waren, wo wir mehr als nur gute Freunde waren. Wir lernten uns immer besser kennen und fragten uns im Stillen, ob der andere wohl die Person war, die Gott uns als Lebenspartner geben wollte. Zumindest fragten wir uns das so lange im Stillen, bis wir eines Tages diese Straße entlanggingen und darüber sprachen, nach Glyndebourne zu fahren, das ganz in der Nähe lag. Ohne zu zögern sagte Adrian: „Wir haben doch noch unser ganzes Leben lang Zeit!" Jetzt hatte er sich verraten. Bisher hatte er es zwar sorgfältig vermieden, das Thema Hochzeit anzusprechen, aber mit diesen Worten hatte er seine Gedanken preisgegeben. Seine Zukunftspläne schlossen mich ein.

Als Jesus sagte: „Ich gehe jetzt hin, um dort einen Platz für euch bereitzumachen", meinte er damit Sie und mich, mit all unseren Eigenheiten. Jesus sieht weiter als nur bis zur Jacke des Eisenbahn-Fans und versteht, weshalb Loknummern und -typen für ihn so interessant sind. Er sieht bis ins Herz des Adrenalin-Junkies und weiß, welche Bedürfnisse die Achterbahn in ihm erfüllt. Er weiß, welches Bedürfnis die Hausfrau hat, die auch das letzte Kissen noch zurechtrückt, um dann stolz ihr Werk zu betrachten. An dem Ort, den er für uns vorbereitet, wird sich niemand überflüssig fühlen. Wir werden alle wissen, dass er uns absichtlich eingeladen hat, nicht aus Versehen. Wenn wir in den Himmel kommen, dann ist das nicht wie auf einer dieser Partys, wo man in einen überfüllten Raum kommt und nicht weiß, mit wem man reden oder wo man sich hinsetzen soll. Jesus wartet darauf, die Bewohner seines Himmelreiches willkommen zu heißen – und zwar nicht formell, sondern ganz persönlich. Es wird kein peinlich berührtes Stühlerücken geben, um noch Platz zu machen für Sie. Er hat schon einen Platz für Sie vorbereitet.

An dem Ort, den er für uns vorbereitet, wird sich niemand überflüssig fühlen.

Es gibt noch viele unbeantwortete Fragen über den Himmel, aber wenn Jesu Beschreibung Ihnen Appetit auf mehr gemacht hat, dann denken Sie daran: „Der Geist und die Braut antworten: ‚Komm!‘ Wer dies hört, soll sagen: ‚Komm!‘ Wer durstig ist, soll kommen, und wer von dem Wasser des Lebens trinken will, wird es geschenkt bekommen“ (Offenbarung 22,17).

*Da ich denn nichts bringen kann,*
*schmieg ich an dein Kreuz mich an.*
*Nackt und bloß, o kleid mich doch!*
*Hilflos, ach, erbarm dich noch!*
Augustus M. Toplady[2]

# 8.

# WO IST DER HIMMEL?

# 8

# Wo ist der Himmel?

*„Das einzig wirkliche Unglück, das uns passieren kann, ... ist, dass wir uns auf der Erde zu Hause fühlen. Solange wir hier Fremde sind, haben wir unsere wahre Heimat nicht vergessen.“*
Malcolm Muggeridge[I]

Wenn man in London mit der nördlichen U-Bahn-Linie fährt, kommt an der Haltestelle Old Street die Ansage: „Zur Moorfields Augenklinik bitte hier aussteigen.“ Stellen Sie sich einmal vor, es sitzt jemand im Zug, der von Geburt an blind ist, aber eine heilbare Augenkrankheit hat. Ich habe einmal von jemandem gehört, der diese Reise gemacht hat. Es war ein Junge. Nach seinem Äußeren zu urteilen, war er wohl erst kurz zuvor aus einem armen Land in England angekommen. Sein Begleiter brachte ihn in die Moorfields Klinik, und er hatte viele Fragen. Die genaue Wegbeschreibung zur Klinik interessierte ihn nicht – Ausgang 8 an der Old Street Haltestelle, der grünen Linie folgen, das Gebäude von der Cayton Street aus betreten, das ist die erste Straße links, und dann noch etwa vierzig Meter Richtung Norden auf der City Road. Diese Einzelheiten waren für ihn vollkommen unwichtig. Er vertraute darauf, dass sein Begleiter ihn sicher zur Klinik bringen würde. Er war ganz darauf ausgerichtet, den Arzt zu treffen, der ihn wieder gesund machen würde, wenn er erst einmal in der Klinik war.

Mit dem Himmel ist es in vielerlei Hinsicht genauso. Es gibt keine Straßenkarte. In den Himmel zu kommen heißt, zu wissen, wer einen dorthin bringt und dass man verwandelt wird, wenn man dort ankommt.

Oder anders gesagt: Stellen Sie sich einmal vor, was passiert, wenn Sie jemandem ein Päckchen zum Geburtstag schicken. Sie kennen den Weg über die Paketzentralen und mit den Postautos nicht, den das Päckchen nimmt. Aber Sie wählen einen zuverlässigen Paketdienst, und weil Sie das Päckchen richtig adressieren und die korrekte Postleitzahl angeben, vertrauen Sie darauf, dass es ankommt. Und wenn Sie das Päckchen aufgeben, haben Sie dabei hauptsächlich die Freude des Empfängers im Sinn. Der Weg ist unwichtig – Hauptsache, es kommt an.

Als Jesus seinen Jüngern beibrachte, wie sie mit ihrem Vater im Himmel reden sollten, sagte er:

> *„Darum sollt ihr so beten: Unser Vater im Himmel! Dein Name werde geheiligt. Dein Reich komme. Dein Wille geschehe wie im Himmel so auf Erden.“*
> Matthäus 6,9–10 (LU)

Die Adresse seines Vaters war „im Himmel“. Wenn Sie wissen wollen, wo der Himmel ist, damit Sie dort hinkommen, dann sind die wichtigsten Fragen: „Wer bringt Sie hin?“, „Kennt derjenige den Weg?“ und „Haben Sie die genaue Adresse?“ und nicht: „Wo geht es lang?“.

Was die genaue Adresse und die richtige Postleitzahl angeht, so ist das die Aufgabe des Heiligen Geistes, der die „Anzahlung auf das ewige Leben“ ist. Genau wie ein Tischtennisball, den man unter Wasser drückt, sofort nach oben schießt, sobald man ihn loslässt, kommen Menschen, die den Heiligen Geist bekommen haben und Teil von Gottes

Familie sind, wenn sie gestorben sind, sofort in Gottes Gegenwart.

Aber wenn es um eine geistliche Wiedergeburt geht, ist der Himmel dann körperlos? Existieren wir dort nur als geistliche Wesen? Als ich klein war, gab es ein Lied, in dem es hieß, der Himmel sei „irgendwo hinter dem Blau“. Nach dem ersten bemannten Weltraumflug verkündete der sowjetische Führer Chruschtschow stolz: „Gagarin ist in das Weltall geflogen, aber er hat nirgends Gott gesehen.“ Wir wissen, dass Gottes Zuhause im Himmel in unserer Welt nicht sichtbar ist, aber das heißt nicht, dass Gott deshalb nicht existieren würde oder dass der Himmel nur ein geistlicher Zustand wäre.

Kehren wir zurück zu den Beispielen, Themen und Wahrheiten der Bibel. Als Gott ein Ebenbild seiner selbst machen wollte, schuf er Adam – einen Menschen aus Fleisch und Blut. Als er sich den Menschen zeigen wollte, kam Jesus in Fleisch und Blut. Als er uns einen Weg zeigte, wie wir an ihn denken sollten, nahm er dazu eine Mahlzeit und sagte, dass uns das gewöhnliche Brot und der Wein an sein Fleisch und Blut erinnern sollten. Und nach seiner Kreuzigung, als er den Tod besiegt hatte, kam er wieder in Fleisch und Blut; als Mann, den man anfassen konnte und der mit seinen Jüngern frühstückte. Kernstück des christlichen Glaubens ist die Aussage, dass Jesus ganz Gott und ganz Mensch – aus Fleisch und Blut – war. Seine Auferstehung war nicht nur ein geistliches Ereignis, sondern sein Körper aus Fleisch und Blut wurde auferweckt. Nach der Auferstehung wurde Jesus „in den Himmel aufgenommen“ mit diesem Körper, und er wird auch mit diesem Körper aus Fleisch und Blut wiederkommen.

Es ist für Christen von zentraler Bedeutung, dass sie sowohl Körper, als auch Verstand und Seele oder Geist sind. Unser Glaube zeigt sich in der Gemeinschaft mit anderen, und das heißt der „Leib Christi" – oder auch die Kirche. Unseren Glauben erkennt man an dem, was wir tun – körperlich. Und wir rechnen damit, auch im Himmel einen Körper zu haben. Die griechischen Philosophen betrachteten den Körper als etwas Minderwertiges und versuchten daher, die Grenzen körperlicher Erfahrungen zu überwinden. Daher taten sie Frauen auch als rein körperliche Wesen ab, ohne jede geistige oder geistliche Fähigkeit. Aber die Bibel sagt ganz deutlich: „Dann werden die Verstorbenen zu unvergänglichem Leben erweckt, und wir, die dann noch am Leben sind, bekommen den neuen Körper. Unser vergänglicher Körper, der dem Tod verfallen ist, muss in einen unvergänglichen Körper verwandelt werden, über den der Tod keine Macht hat" (1. Korinther 15,52–53).

Wir werden im Himmel einen Körper haben, und daraus können wir auch schließen, dass der Himmel ein physisch existenter Ort ist, an dem wir dann körperlich sein werden.

Und noch einmal zu den biblischen Beispielen: Orte sind Gott sehr wichtig. Gott ist seinem Volk immer wieder begegnet und hat diese Orte zu etwas ganz Besonderem gemacht. Im 1. Buch Mose lesen wir, dass Gott „am Abend, als es kühler wurde, ... durch den Garten ging" (1. Mose 3,8) und nach Adam rief. Als die Israeliten auf dem Weg ins verheißene Land durch die Wüste zogen, befahl Gott ihnen, die Stiftshütte zu bauen und sagte: „Hier in diesem Heiligtum komme ich euch nahe, hier rede ich mit dir. Hier soll es zur Begegnung zwischen mir und den Israeliten kommen. Das Heilige Zelt wird durch die Gegenwart meiner Herrlichkeit zu einer heiligen Stätte werden" (2. Mose 29,43). Nicht der Ort selbst war so besonders – es war nur ein Zelt, das man einpacken und mitnehmen konnte. Es war auch nicht heilig wegen seiner von Gott vorgegebenen, kunstvollen Ausführung, sondern es war ein besonderer Ort, weil Gottes Herrlichkeit dort wohnte, die man bei Tag als Wolkensäule und bei Nacht als Feuersäule sehen konnte.

Wenn wir beten: „Dein Reich komme, dein Wille geschehe, wie im Himmel so auf Erden", bitten wir Gott damit, dass er unser Leben zur Botschaft des Himmels hier auf der Erde macht. Die britische Botschaft ist ein kleines Stückchen britischer Grund und Boden in einem anderen Land. Wenn wir darum bitten, dass Gottes Reich kommen möge, dann fordern wir Gott auf, in unserem Leben eine Botschaft seines Reiches zu bauen. Jesus hat dieses Gebet gelebt – deshalb konnte er zu seinen Jüngern sagen: „Das Königreich Gottes ist nahe herbei gekommen", weil er als Botschafter des Himmels bei ihnen war. Ein Botschafter spricht und handelt in Vertretung der Regierung seines Landes. Jesu Auftrag auf der Erde war es, „die gute Nachricht vom Reich des Himmels" zu predigen. Seine Worte wurden bekräftigt durch sein Handeln als Vertreter des Himmelreiches: „Er heilte alle Krankheiten und Leiden im Volk" (Matthäus 4,23).

Sein Programm für das Himmelreich lautete:

*„... den Armen gute Nachricht zu bringen, den Gefangenen zu verkünden, dass sie frei sein sollen, und den Blinden, dass sie sehen werden. Den Misshandelten soll ich die Freiheit bringen, und das Jahr aus-*

*rufen, in dem der Herr sich seinem Volk gnädig zuwendet.“*
Lukas 4,18–19

Und das tat er, denn „Der Geist des Herrn hat von mir Besitz ergriffen, weil der Herr mich gesalbt und bevollmächtigt hat“. Und er gibt den Christen den gleichen Auftrag – Botschafter des Himmels zu sein. Botschafter stellen ihr Land im besten Licht dar und im Notfall sorgen sie für eine sichere Rückreise ihrer Staatsbürger. Jesus konzentrierte sich nicht darauf, Notfall-Rücktransporte in den Himmel zu organisieren, sondern Gottes Herrlichkeit zu zeigen – obwohl er auch sicherstellt, dass alle Himmelsbürger Zutritt zu ihrer Heimat haben.

Obwohl die Bibel also nahelegt, dass der Himmel ein realer Ort ist, ist das Himmelreich auf gewisse Art doch auch hier. Jede Begegnung mit Gott gibt uns einen kleinen Vorgeschmack auf den Himmel. Aber Gott hat uns auch versprochen, dass es noch mehr geben wird. Es wird einen neuen Himmel und eine neue Erde geben. In Hebräer 1,10–12 heißt es, dass es für Gott ebenso einfach ist, eine neue Erde zu schaffen, wie ein altes, zerschlissenes Kleidungsstück abzulegen und ein neues anzuziehen.

*Jede Begegnung mit Gott gibt uns einen Vorgeschmack auf den Himmel.*

Der Prophet Jesaja freute sich auf den Tag, an dem Gott sagen wird: „Alles mache ich jetzt neu: Einen neuen Himmel schaffe ich und eine neue Erde. Dann sehnt sich niemand nach dem zurück, was früher einmal gewesen ist; kein Mensch wird mehr daran denken“ (Jesaja 65,17).

Auch Johannes freute sich in seiner Endzeit-Vision auf den neuen Himmel und die neue Erde:

> *„Dann sah ich einen neuen Himmel und eine neue Erde. Der erste Himmel und die erste Erde waren verschwunden und das Meer war nicht mehr da. Ich sah, wie die Heilige Stadt, das neue Jerusalem, von Gott aus dem Himmel herabkam. Sie war festlich geschmückt wie eine Braut für ihren Bräutigam. Und vom Thron her hörte ich eine starke Stimme rufen: ‚Dies ist die Wohnstätte Gottes bei den Menschen! Er wird bei ihnen wohnen, und sie werden seine Völker sein. Gott selbst wird als ihr Gott bei ihnen sein. Er wird alle ihre Tränen abwischen. Es wird keinen Tod mehr geben und keine Traurigkeit, keine Klage und keine Quälerei mehr. Was einmal war, ist für immer vorbei.‘“*
> Offenbarung 21,1–4

Zwei Dinge über dieses kommende Zeitalter sollten wir festhalten: Es gibt immer noch einen Himmel und eine Erde, und Gott ist immer noch im Himmel – aber es gibt keine Trennung mehr zwischen Gott und seinem Volk. Weil ich das Meer liebe, kamen mir die Hinweise, dass es kein Meer mehr geben würde immer seltsam vor, ja sie machten mich beinahe traurig, weil das Meer doch so schön ist. Aber in der Bildersprache der Bibel bedeutet Meer „Trennung“ – und im kommenden Zeitalter wird es keine Trennung mehr geben. Gott wohnt mit uns in unserem neuen, ewigen Zuhause – der neuen Erde.

Wenn wir biblische Beispiele bemühen wollen, um herauszufinden, wo diese neue Erde sein wird und wie sie aussehen wird, können uns vielleicht die Bilder des alten und des neuen Bundes einige Hinweise geben. Der alte Bund forderte Tieropfer und galt nur für einen ganz bestimmten Personenkreis. Im neuen Bund wurden alle Symbole des alten Bundes durch Jesus erfüllt, der sich ein für alle Mal geopfert hat. Jesus lehrte seine Jünger, durch Brot und Wein zurückzuschauen auf das, was er durch seinen Tod getan hatte – und nach vorne zu schauen: „Jedes Mal also, wenn ihr dieses Brot esst und von diesem Becher trinkt, verkündet ihr damit die Rettung, die durch den Tod des Herrn geschehen ist, bis er wiederkommt“ (1. Korinther 11,26).

Er freut sich darauf, mit uns zu feiern.

Beim letzten Abendmahl sagte Jesus: „Von jetzt an werde ich keinen Wein mehr trinken, bis ich ihn neu mit euch trinken werde, wenn mein Vater sein Werk vollendet hat!“ (Matthäus 26,29). Er freut sich darauf, mit uns zu feiern.

Wenn Gott etwas Neues schafft, scheint er auf dem alten Muster aufzubauen. So hat das Neue immer Ähnlichkeit mit dem Alten und ist doch ganz neu. Wir können davon ausgehen, dass die neue Erde der Erde, die wir kennen, irgendwie ähnlich ist. Stellen Sie sich einmal vor, Sie müssten einem tauben Kind erklären, was Musik ist. Das Beste, was uns diese Erde zu bieten hat, ist ein schwacher Eindruck dessen, wie Gott die neue Erde geplant hat. Aber wirklich vorstellen können wir uns das nicht.

*Die große Scheidung,* C. S. Lewis’ Analogie über unsere Reise in den Himmel, kann hier vielleicht hilfreich sein. Die Personen im Buch machen eine Busreise heraus aus der Welt der Dämmerung, in der wir jetzt leben. Als sie am Ziel ankommen, steigen die Reisenden aus dem Bus in „einen Raum, größer als ich je erlebt hatte ... ich war auf eine Art ‚draußen', dass es mir vorkam, als sei unser Sonnensystem dagegen in einem abgeschlossenen Raum."

An diesem Ort waren „das Licht, das Gras, die Bäume anders; sie waren aus etwas anderem geschaffen, viel realer als die Dinge in unserem Land, in dem einem die Menschen vergleichsweise nur als Schatten erschienen."

Im Verlauf der Geschichte trifft der Schatten einer Frau namens Pam eine „leuchtende Seele", die einer der Bewohner des Landes ist. Sie will ihren Sohn Michael finden, der schon an diesem berauschend schönen Ort angekommen ist. Ihr Problem ist, dass sie, wie alles aus unserer bekannten Welt, so unwirklich ist, dass ihr Sohn sie nicht einmal sehen könnte, wenn sie ihn träfe. „Sie wären für Michael ganz und gar unsichtbar", erklärt ihr die leuchtende Seele. „Wir müssen Ihnen ein bisschen Substanz verschaffen."

*„Wie?", fragte der Schatten ...*

*„Der erste Schritt ist sehr schwer", sagte die Seele. „Aber danach werden Sie Feuer fangen. Sie werden real genug sein, dass Michael Sie sehen kann, wenn Sie gelernt haben, sich nach jemand anderem zu sehnen, außer nach Michael ... Wir brauchen nur einen kleinen Keim der Sehnsucht nach Gott in Sie zu legen, um den Prozess in Gang zu setzen."*

*„Ach, Sie meinen Religion und so? Das ist wohl kaum der richtige Moment dafür ... und ausgerechnet von* Ihnen. *Aber egal, ich tue alles, was notwendig ist. Was soll ich tun? Sagen Sie schon. Je früher*

*ich damit anfange, desto früher kann ich meinen Sohn sehen. Ich bin bereit."*

*„Aber Pam, denken Sie doch mal nach! Verstehen Sie denn nicht, dass Sie ganz und gar nicht bereit sind, solange Sie diese Einstellung haben? Sie sehen Gott nur als Mittel zum Zweck, um Michael zu sehen. Aber bei diesem Substanz-Gewinnungs-Prozess geht es darum, Gott um seiner selbst willen zu wollen."*[2]

In C. S. Lewis' Beschreibung ist der Himmel ein realer Ort, den wir uns vorstellen können. Er unterscheidet sich genauso von unserer Welt wie sich echte Menschen von zweidimensionalen Cartoon-Figuren unterscheiden. Um dort hinzukommen, muss man nicht das Richtige tun, Regeln beachten oder einem bestimmten Weg folgen. Man muss auf Gottes Liebe antworten, eine Beziehung zu ihm aufbauen und sich nach mehr von ihm sehnen ... mehr von seiner Gegenwart. Es ist eine wachsende Beziehung, die eines Tages zu einer ganz anderen und viel realeren Wirklichkeit wird.

Um dort hinzukommen, muss man nicht das Richtige tun, Regeln beachten oder einem bestimmten Weg folgen.

Noch ein Vergleich: Wenn zur Zeit Jesu ein junger Mann heiraten wollte, sagte er es zuerst seinem Vater. Wenn sein Vater einverstanden war, fing der junge Mann an, ein Haus neben dem Haus seines Vaters zu bauen. Dann ging er zu seiner zukünftigen Braut und sagte in etwa Folgendes: „In meinem Haus ist Platz für dich. Ich bereite einen Ort für dich vor, und wenn mein Vater sagt, dass das Haus seinen Qualitätsanforderungen entspricht und fertig ist, werde ich kommen und dich holen. Dann werden wir zusammen sein."

Als Jesus seinen Jüngern vom Himmel erzählte, benutzte er Bilder und Begriffe, die sie kannten, und erklärte ihnen damit, wo der Himmel zu finden ist. Er sagte:

> *„Erschreckt nicht, habt keine Angst! Vertraut auf Gott und vertraut auch auf mich! Im Haus meines Vaters gibt es viele Wohnungen, und ich gehe jetzt hin, um dort einen Platz für euch bereitzumachen. Sonst hätte ich euch doch nicht mit der Ankündigung beunruhigt, dass ich weggehe. Und wenn ich gegangen bin und euch den Platz bereitet habe, dann werde ich zurückkommen und euch zu mir nehmen, damit auch ihr seid, wo ich bin."*
> Johannes 14,1–3

Das Gleiche sagt er zu seinen Jüngern heute – seiner zukünftigen Braut. Wo ist der Himmel? Er ist dort, wo unser himmlischer Vater wohnt; und wo Jesus für diejenigen einen Platz vorbereitet, die auf seine Liebe antworten.

> *„Nicht in die Dunkelheit gehst du, denn Gott ist Licht. Nicht in die Einsamkeit, denn Christus ist bei dir. Nicht in ein unbekanntes Land, denn Christus ist schon dort."*
> Charles Kingsley
> (anglikanischer Geistlicher, 1819–1875)

9.

# WANN KOMMT DER HIMMEL – JETZT ODER NACH DEM TOD?

9

# Wann kommt der Himmel – jetzt oder nach dem Tod?

*„Ich freue mich ungeheuer auf den Tod.“*
Malcolm Muggeridge

Sie lebten glücklich und zufrieden, und wenn sie nicht gestorben sind, dann leben sie noch heute. Wünschen wir uns nicht alle, dass unser Leben so verläuft? Als Gott die Welt erschuf, waren Tod und Verfall nicht dabei. Aber als die Sünde die vollkommene Welt, die Gott geschaffen hatte, verdarb, musste er der Ausbreitung des Bösen ein Ende setzen. Manchmal müssen gute Dinge aufhören, bevor sie schlecht werden – genau wie reife Früchte gepflückt werden müssen, bevor sie ihren Höhepunkt überschritten haben. Deshalb kann man den Tod auch als Gnade Gottes sehen.

Die Sünde trennt die Menschen jetzt und in alle Ewigkeit von Gott. Aber der Himmel verspricht uns einen Neuanfang ohne Ende: kein Tod, keine Trennung, sondern Leben und Freude und Frieden im Überfluss. Der Himmel wird mit Worten wie „zufrieden“, „heil“, „vollkommen“ und „in Fülle“ beschrieben.

In den Zeiten der Weltwirtschaftskrise in den 1930er-Jahren bewegten Ginger Rogers und Fred Astaire mit dem Lied *Cheek to Cheek* die Herzen:

*Himmel … Ich bin im Himmel*
*Und mein Herz schlägt so wild,*
*ich kann kaum sprechen.*
*Das ist das Glück, das ich gesucht,*
*wenn wir Wange an Wange tanzen.*[1]

In den Dreißigerjahren sehnten sich die Menschen nach dem Himmel, und das Lied gab das Verlangen der Kinozuschauer wieder, die der Trostlosigkeit ihres Lebens zu entfliehen suchten, indem sie beschwingt zu den schmachtenden Liebesliedern ihrer Tage tanzten.

Der Himmel ist ganz sicher etwas, auf das wir uns freuen können, wenn dieses Leben vorüber ist. Jesus hat sehr viel über das Himmelreich gesprochen – über sein kommendes Reich. Er lehrte seine Jünger so zu beten: „Dein Reich komme …“ Aber als einige Pharisäer Jesus fragten, wann denn das Himmelreich käme, antwortete Jesus: „Das Reich Gottes wird nicht durch sichtbare Zeichen angekündigt. Ihr werdet nicht sagen können: ‚Hier ist es!‘, oder: ‚Es ist dort drüben!‘ Denn das Reich Gottes ist mitten unter euch“ (Lukas 17,20–21 NL). Das legt zweierlei nahe: Zum einen ist der Himmel sowohl *schon jetzt* da als auch *noch nicht* da. Zum andern geht es dabei mehr um Gottes Gegenwart (dass Gott mit uns ist) als um unseren Zielort.

Als Jesus für seine Jünger betete, sagte er:

> *„Ich bete für sie alle, dass sie eins sind, so wie du und ich eins sind, Vater – damit sie in uns eins sind, so wie du in mir bist und ich in dir bin und die Welt glaubt, dass du mich gesandt hast. Ich habe ihnen die Herrlichkeit geschenkt, die du mir gegeben hast, damit sie eins sind, wie wir eins sind …“*
> Johannes 17,21–22 (NL)

Wenn man einen Schwamm in einen Eimer Wasser taucht, kann man sowohl sagen: „Der Schwamm ist im Wasser“, als auch: „Das Wasser ist im Schwamm.“ Das Unfassbare am Himmel ist, dass wir „in Gott“

sein werden. Wir fliehen nicht in eine andere Realität oder gehen in einer geistlichen Dimension auf – denken Sie daran, dass wir einen Körper haben werden. Vielmehr werden wir ganz und gar das, wozu wir geschaffen wurden – und dieser Prozess beginnt, sobald der Heilige Geist in unserem Leben anfängt zu wirken.

Wenn der Heilige Geist anfängt in uns zu leben, begegnen wir Gott – und andere Menschen können ihm durch uns begegnen. Genau wie das Gesicht von Mose strahlte, wenn er Gott begegnet war, spiegeln auch Christen Gottes Herrlichkeit in dieser Welt wider. Der Himmel ist ein ganz besonderer Ort, denn: „Dies ist die Wohnstätte Gottes bei den Menschen! Er wird bei ihnen wohnen" (Offenbarung 21,3). Der Himmel ist dort, wo Gott gegenwärtig ist. Weil Christen Gottes Volk sind, bringen sie der Welt ein Stück vom Himmel, wenn sie für Gerechtigkeit kämpfen, voller Mitgefühl helfen oder sich für Aufrichtigkeit und Wahrheit einsetzen.

Christen spiegeln Gottes Herrlichkeit in dieser Welt wider.

Wenn wir das Vaterunser beten, hängen wir meistens einige Worte über Gottes Herrlichkeit an: „Denn dein ist das Reich und die Kraft und die Herrlichkeit in Ewigkeit, Amen." Obwohl diese Worte nicht ursprünglich zu dem Gebet gehörten, das Jesus seine Jünger gelehrt hat, erinnern sie uns daran, dass es im Leben eines Christen nicht um eine Jenseitsvertröstung geht, sondern darum, Gott die Ehre zu geben – jetzt und in alle Ewigkeit.

Davon sprach Jesus, als er seinen Vater bat: „... ich will, dass sie mit mir dort sind, wo ich bin. Sie sollen meine Herrlichkeit sehen, die du mir gegeben hast, weil du mich schon liebtest, bevor die Welt geschaffen wurde" (Johannes 17,24).

In diesem Leben bekommen wir nur einen kleinen Vorgeschmack auf Gottes Herrlichkeit. C. S. Lewis schrieb: „Wie wäre es wohl, aus der Quelle jenes Stromes zu trinken, dessen Unterlauf sogar noch so berauschende Wirkung zeigt? Doch ich glaube, dass es genau das ist, was uns erwartet."[2]

Was ist Gottes Herrlichkeit? Der Apostel Paulus schrieb an die Gemeinde in Korinth: „Wir alle sehen in Christus mit unverhülltem Gesicht die Herrlichkeit Gottes wie in einem Spiegel. Dabei werden wir selbst in das Spiegelbild verwandelt und bekommen mehr und mehr Anteil an der göttlichen Herrlichkeit. Das bewirkt der Herr durch seinen Geist" (2. Korinther 3,18).

Gottes Herrlichkeit zeigt sich an unerwarteten Orten. 1973 erlebte Bischof Festo Kivengere Gottes Herrlichkeit, als drei Männer aus seiner Diözese wegen falscher Anschuldigungen vor ein Exekutionskommando gestellt wurden. In einem Artikel in der Zeitschrift *African Saints: Saints, Martyrs, and Holy People from the Continent of Africa* (dt.: Afrikanische Heilige: Heilige, Märtyrer und fromme Menschen auf dem afrikanischen Kontinent) zitierte Frederick Quinn Kivengeres Beschreibung der Hinrichtung folgendermaßen:

> *„Der 10. Februar war ein trauriger Tag für uns in Kabale. Man hatte den Menschen befohlen, ins Stadion zu kommen, um der Hinrichtung beizuwohnen. Tod lag in der Luft. Eine schweigende Menge von etwa dreitausend Menschen hatte sich versammelt, um zuzusehen. Ich hatte die Erlaubnis bekommen, vor der Hinrichtung mit den Männern zu*

*sprechen, und zwei meiner Pastorenkollegen begleiteten mich. Sie brachten die Männer auf einem Lastwagen und luden sie aus. Sie trugen Handschellen und Fußketten. Das Exekutionskommando stand Gewehr bei Fuß. Als wir in die Mitte des Stadions gingen, überlegte ich, was ich sagen sollte. Wie sollte man drei zum Tode verurteilten Männern, die wahrscheinlich vor Wut kochten, das Evangelium bringen?*

*Wir kamen von hinten auf sie zu, aber was für ein Anblick, als sie sich umdrehten, um uns anzusehen! Ihre Gesichter strahlten mit einem unverwechselbaren Leuchten und einem Glanz. Bevor wir irgendetwas sagen konnten, platzte einer von ihnen heraus: ‚Bischof, danke, dass Sie gekommen sind! Ich wollte es Ihnen sagen. An dem Tag als ich verhaftet wurde, habe ich in meiner Gefängniszelle den Herrn Jesus gebeten, in mein Herz zu kommen. Er ist gekommen und hat mir alle meine Sünden vergeben! Der Himmel ist jetzt offen, und es steht nichts mehr zwischen mir und meinem Gott! Bitte sagen Sie meiner Frau und meinen Kindern, dass ich bei Jesus sein werde. Bitten Sie sie, Jesus auch in ihr Leben zu lassen, so wie ich es getan habe.‘ Die anderen beiden Männer hatten eine ähnliche Geschichte zu erzählen und hoben erregt ihre in Handschellen gelegten Hände.*

*Ich hatte das Gefühl, dass ich mit den Soldaten sprechen sollte, anstatt mit den Verurteilten. Und so übersetzte ich das, was die Männer gesagt hatten, in eine Sprache, die die Soldaten verstanden. Sie standen da mit den Gewehren im Anschlag und verwirrtem Gesichtsausdruck. Sie waren so perplex, dass sie vergaßen, den Verurteilten die Hauben überzuziehen! Die drei standen dicht nebeneinander vor dem*

> *Exekutionskommando. Sie sahen in die Menge und fingen trotz Handschellen an zu winken. Die Menge winkte zurück. Die Schüsse fielen und die drei waren bei Jesus.“*[3]

Diese Menschen im Stadion sahen die Herrlichkeit Gottes. Diese drei Männer bekamen einen Vorgeschmack auf den Himmel, noch bevor sie ihrem Schöpfer begegneten. Für sie hatte sich der Himmel geöffnet. Ihr Tod bedeutete nicht ewige Trennung, sondern Vollendung.

Diese Menschen sahen die Herrlichkeit Gottes.

Christen glauben, dass sie für ihr altes Leben schon gestorben sind und dass in Christus ein neues Leben für sie angefangen hat. Der Apostel Paulus schrieb an die Kolosser: „Ihr seid doch gestorben, und euer Leben ist mit Christus bei Gott verborgen. Wenn einmal Christus, euer Leben, allen sichtbar wird, dann werdet auch ihr mit ihm zusammen in der ganzen Herrlichkeit sichtbar werden, die euch jetzt schon geschenkt ist“ (Kolosser 3,3–4).

Die Briefe im Neuen Testament sind jedoch gespickt mit einem Paradox: Der Himmel ist schon hier und noch nicht da. Mutter Teresa hat es einmal so ausgedrückt:

> *„Wir alle sehnen uns danach, im Himmel bei Gott zu sein, doch es liegt in unserer Macht, schon jetzt bei ihm im Himmel zu sein und uns in diesem Moment mit ihm zu freuen. Aber uns jetzt mit ihm zu freuen bedeutet: so zu lieben, wie er liebt; so zu helfen, wie er hilft; so zu geben, wie er gibt; so zu dienen, wie er dient; Menschen zu retten, wie er*

*Menschen rettet; 24 Stunden am Tag bei ihm zu sein; ihn in seinen gefährlichen Erscheinungsformen zu berühren.“*

10.

# WIE SOLL ICH JETZT LEBEN?

10

## Wie soll ich jetzt leben?

*„Die Schule ist aus, die Ferien haben begonnen. Der Traum ist zu Ende, der Morgen ist da." ... Ihr ganzes Leben in dieser irdischen Welt und alle ihre Abenteuer in Narnia waren nur der Umschlag und das Titelblatt gewesen. Nun erst begannen sie das erste Kapitel der großen Geschichte, die noch keiner auf Erden gelesen hat, der Geschichte, die ewig weitergeht und in der jedes Kapitel besser ist als das vorangegangene."*
C. S. Lewis[1]

Eine Vision ist ein Bild der Zukunft, das in der Gegenwart Leidenschaft weckt und ansonsten sinnlosen Aufgaben einen Sinn gibt, sagt meine Freundin Sandy Medway. Sie hat ein gemeinnütziges Werk gegründet, um Menschen zu helfen, eine sinnvolle Arbeit zu finden, die ihren Begabungen und Interessen entspricht – sie hat diesen prägnanten Satz also schon in Wirklichkeit erlebt. Es ist erstaunlich, was man fertigbringt, wenn man eine Vision davon hat, wo man hin möchte. So können Lehrlinge bei den einfachsten Tätigkeiten Einsatz zeigen. Als ich meine Ausbildung zur Journalistin machte, hieß das, dass ich es aushielt, endlose Berichte über Beerdigungen und Gartenschauen für das Lokalblatt zu schreiben, weil es mein Ziel war, einmal mit dem Schreiben meinen Lebensunterhalt zu verdienen. Aber was heißt das für Gottes Lehrlinge? Welche Vision motiviert Christen?

Wie wir in den vorangegangenen Kapiteln bereits festgestellt haben, sind wir für den Himmel geschaffen – der uns in der Bibel als fruchtbarer

Garten und Königssitz dargestellt wird, so Ehrfurcht gebietend wie ein Thronsaal und so intim wie eine Hochzeitssuite. Wir können uns auf eine Feier freuen, eine Hochzeit, eine Siegesparade und auf unsere endgültige Heimkehr. Aber an dieser Vision ist noch mehr dran, das Christen anspornt – in Verfolgung, auf seelischen und geistlichen Durststrecken und durch jeden Schmerz und jedes Leid hindurch. Ein leerer Himmel ist dafür nicht genug – der Himmel ist es nur wert hinzukommen, weil derjenige, der uns liebt, schon dort ist. Diese Liebesbeziehung ist es, die die Christen anspornt. Um in den Himmel zu kommen muss man nicht das Richtige tun oder Regeln befolgen, sondern auf Gottes Liebe antworten und eine beständige, liebevolle Beziehung zu ihm aufbauen.

> ... so Ehrfurcht gebietend wie ein Thronsaal und so intim wie eine Hochzeitssuite.

Jesus hat ein drastisches Gleichnis von Schafen und Böcken erzählt. In diesem Gleichnis bekamen die „Schafe“ einen Platz im Himmelreich: Sie hatten den Hungernden Nahrung gegeben, Fremde aufgenommen, die Nackten gekleidet, für die Kranken gesorgt und die Gefangenen besucht. Jesus sagte, indem sie anderen gedient hatten, hatten sie ihm gedient. Wie passt das zu der Tatsache, dass man sich den Himmel nicht mit guten Werken verdienen kann? Wenn Sie das Gleichnis in Matthäus 25 lesen, werden Sie feststellen, dass diejenigen, die einen Platz im Himmel bekamen, unwillkürlich liebten und dienten. Sie versuchten nicht, sich Bonuspunkte zu erarbeiten – ihre guten Taten spiegelten ihre selbstlose Liebe und Fürsorge für die Menschen um sie herum wider. Sie waren durch Gottes

Liebe verwandelt worden und deshalb liebten sie andere, und diejenigen, denen sie halfen, bekamen eine Kostprobe des Himmels.

Bei den „Böcken" waren tätige Liebe und Fürsorge für andere nicht natürlich. Sie beachteten die Menschen nicht, die hungrig, durstig, nackt, krank oder im Gefängnis waren. Jesus sagte, das sei das Gleiche wie ihn nicht zu beachten. Diese „Böcke" sagten vielleicht, sie seien seine Nachfolger, aber sie hatten sich nicht von seiner Liebe in Menschen verwandeln lassen, die andere liebten ... dieses Einssein mit Jesus, von dem wir im letzten Kapitel gesprochen hatten, war mit ihnen nicht geschehen. Sie waren keine Botschafter des Himmels – die Menschen, denen sie begegneten, spürten durch sie nichts vom Himmel.

„Schaf" zu sein statt „Bock" kann man nicht mit harter Arbeit und Willenskraft erreichen – es geht nur, indem man auf Gottes Liebe antwortet. Wenn man jemanden liebt, verändert man sich in vielerlei Hinsicht: Es kann sein, das man auf einen anderen Kontinent zieht, um bei dem geliebten Menschen zu sein, oder die Zahnpastatube anders ausdrückt. Aber Gottes Lehrlinge sind mehr als nur Diener, die Regeln und Anweisungen befolgen. Sie sind als Kinder in die Familie Gottes adoptiert worden. Das Leben Gottes strömt durch sie hindurch, und sie weisen sogar in den einfachsten Tätigkeiten und in jedem Bereich ihres Lebens die Eigenschaften ihrer Familie auf, ohne darüber nachzudenken.

Die Reise in den Himmel ist eher eine Liebesbeziehung als ein Marsch; es ist keine Frage der Willenskraft, sondern eine Frage der Liebe. Es geht darum, mit Christus vereint zu sein – eins mit ihm zu werden, jetzt und für immer. Das schreibt sich so leicht, aber es ist ein Ehrfurcht gebietendes Geheimnis, das wir erst in der Ewigkeit verstehen werden.

Bis dahin müssen wir warten, wie Liebende, die darauf warten, sich gegenseitig in den Armen zu liegen. Der Himmel übersteigt alles, was wir uns vorstellen können. Wir können nur erahnen, was es bedeutet, bei Christus zu sein, an dem Platz, den er für uns vorbereitet hat.

Während ich versuche, dieses Buch zu schreiben, ist mir sehr wohl bewusst, wie unzulänglich Worte sind. Geschichten und Gleichnisse können uns nur einen kleinen Einblick in den Himmel geben. Es gibt noch so vieles, das wir nicht wissen können. Aber uns bleibt ein ganzes Leben – ein ewiges Leben – um herauszufinden, was Paulus meinte, als er betete:

> *„Ich bitte ihn, dass Christus durch den Glauben in euch lebt und ihr fest in seiner Liebe wurzelt und auf sie gegründet seid. Ich bitte ihn, dass ihr zusammen mit der ganzen Gemeinschaft der Glaubenden begreifen lernt, wie unermesslich reich euch Gott beschenkt. Ihr sollt die Liebe erkennen, die Christus zu uns hat und die alle Erkenntnis übersteigt. So werdet ihr immer umfassender Anteil bekommen an der ganzen Fülle des Lebens mit Gott. Gott kann unendlich viel mehr an uns tun, als wir jemals von ihm erbitten oder uns ausdenken können. So mächtig ist die Kraft, mit der er in uns wirkt. Ihm gehört die Ehre in der Gemeinde und durch Jesus Christus in allen Generationen, für Zeit und Ewigkeit! Amen."*
> Epheser 3,17–21

Das ist mein Gebet für Sie am Ende dieser kleinen Einführung in den Himmel. Wenn Sie jetzt zurückdenken an die Vergleiche, die wir in diesem Buch besprochen haben, lassen Sie sich von Gott dadurch ansprechen. Hören Sie auf die Stimme Ihres Herzens. Fragen Sie sich, woher Ihre Sehnsüchte wirklich kommen. Lassen Sie Gott Ihren Durst und Ihren Hunger nach mehr stillen. Bitten Sie ihn, Ihnen eine klarere Vision Ihrer Zukunft in der Ewigkeit mit Christus zu schenken, damit Ihr Leben ins richtige Verhältnis kommt. Paulus schrieb:

> *„Darum verliere ich nicht den Mut. Die Lebenskräfte, die ich von Natur aus habe, werden aufgerieben; aber das Leben, das Gott mir schenkt, erneuert sich jeden Tag. Die Leiden, die ich jetzt ertragen muss, wiegen nicht schwer und gehen vorüber. Sie werden mir eine Herrlichkeit bringen, die alle Vorstellungen übersteigt und kein Ende hat. Ich baue nicht auf das Sichtbare, sondern auf das, was jetzt noch niemand sehen kann. Denn was wir jetzt sehen, besteht nur eine gewisse Zeit. Das Unsichtbare aber bleibt ewig bestehen."*
> 2. Korinther 4,16–18

# Quellenverzeichnis


### Vorwort

1 C. S. Lewis: *Mere Christianity*. Fount Paperbacks, London 1977. S. 118. (dt.: *Pardon, ich bin Christ*. Brunnen-Verlag GmbH, Gießen)

2 B. Curtis und J. Eldredge: *The Sacred Romance*. Thomas Nelson, Nashville, Tennessee 1997. S. 179–181. (dt.: *Ganz leise wirbst du um mein Herz*. Brunnen-Verlag GmbH, Gießen)

3 C. S. Lewis: *The Weight of Glory*. Harper Collins, London 2001. S. 31. (dt.: *Das Gewicht der Herrlichkeit*. Brunnen-Verlag GmbH, Gießen)

### Kapitel 1: Was soll das ganze Gerede vom Himmel?

1 Karl Marx: *Zur Kritik der Hegelschen Rechtsphilosophie*. 1843–1884, in Karl Marx/Friedrich Engels – Werke. Dietz Verlag, Berlin 1976, Band I, S. 378–391.

2 Don Richardson: *Eternity in Their Hearts*. Regal Books 1981, 3. Aufl. 2005. S. 190. (dt.: *Ewigkeit in ihren Herzen*. St. Johannis-Druckerei 2004)

3 Der edle Qu'ran und die Übersetzung seiner Bedeutungen in die deutsche Sprache. www.islam.de

4 www.cofe.anglican.org/lifeevents/funerals. Ein Auszug zu Beerdigungen aus den Internetseiten der Church of England, © Erzbischöflicher Rat 2007.

### Kapitel 2: Woher weiß ich, ob es den Himmel gibt?

1 Catherine Butcher: „Heaven's Wings". 2007.

2 Don Richardson: *Eternity in Their Hearts*. S. 33

### Kapitel 3: Wie sieht der Himmel aus? Wie ein Garten?

1 Matt Groening: Bart Simpson's Guide to Life. HarperCollins, London 1996. S. 174–175. (dt: *Bart Simpsons Tipps und Tricks für alle Lebenslagen*. Dino Verlag GmbH 1998)

### Kapitel 4: Wie eine Stadt – das neue Jerusalem?

1 John Bunyan: *The Pilgrim's Progress*. Penguin Classics, London 1987. (dt.: *Pilgerreise*. St.-Johannis Druckerei)

### Kapitel 5: Wie eine Krönungsfeier oder Königshochzeit?

1 John Bunyan: *The Pilgrim's Progress*. S. 140-141.

### Kapitel 6: Wie ein Siegeszug?

1 Julia Howe: *Battle Hymn of the Republic*. 1861. Deutsche Übersetzung nach: www.de.wikipedia.org/wiki/The_Battle_Hymn_of_the_Republic

2 C. S. Lewis: *Der letzte Kampf*. Joh. Brendow & Sohn Verlag GmbH, Moers 2005. S. 162.

3 P. A. Baggaley: *City of Gold*. Solway, August 1996.

4 P. A. Baggaley und I. D. Blythe: „The Golden City" in: *City of Gold*. Solway, August 1996. Deutsch von Elke Wiemer.

### Kapitel 7: Wer kommt in den Himmel?

1 C. S. Lewis: *The Weight of Glory*. S. 31.

2 Augustus M. Toplady: „Rock of Ages". 1775. dt.: Ernst Gebhardt.

### Kapitel 8: Wo ist der Himmel?

1 Malcolm Muggeridge: *Jesus Rediscovered.* Fount 1969. S. 17–18.

2 C. S. Lewis: *The Great Divorce.* Fount 2002. © C. S. Lewis Pte Ltd 1946. (dt.: *Die große Scheidung.* Johannes Verlag Einsiedeln)

### Kapitel 9: Wann kommt der Himmel – jetzt oder nach dem Tod?

1 Irving Berlin: „Cheek to Cheek".

2 C. S. Lewis: *Screwtape Proposes a Toast.* Fount 1998. © C. S. Lewis Pte Ltd 1959.

3 Frederick Quinn: „Festo Kivengere". *African Saints: Saints, Martyrs, and Holy People from the Continent of Africa.* Crossroads Publishing Company, New York 2002. Der vollständige Artikel ist zu finden bei www.dacb.org/stories/uganda/kivengere_festo.html

### Kapitel 10: Wie soll ich jetzt leben?

1 C. S. Lewis: *Der letzte Kampf.* S. 172–173.